国宏智库青年丛书

中国去产能政策对劳动者就业的影响研究

唐聪聪 ◎ 著

中国社会科学出版社

图书在版编目（CIP）数据

中国去产能政策对劳动者就业的影响研究 / 唐聪聪著.
—北京：中国社会科学出版社，2022.10
（国宏智库青年丛书）
ISBN 978-7-5227-0721-1

Ⅰ.①中⋯　Ⅱ.①唐⋯　Ⅲ.①劳动就业—研究—中国　Ⅳ.①D669.2

中国版本图书馆 CIP 数据核字（2022）第 141635 号

出 版 人	赵剑英
策划编辑	喻　苗
责任编辑	刘凯琳
责任校对	任晓晓
责任印制	王　超

出　　版	中国社会科学出版社
社　　址	北京鼓楼西大街甲 158 号
邮　　编	100720
网　　址	http://www.csspw.cn
发 行 部	010-84083685
门 市 部	010-84029450
经　　销	新华书店及其他书店
印　　刷	北京明恒达印务有限公司
装　　订	廊坊市广阳区广增装订厂
版　　次	2022 年 10 月第 1 版
印　　次	2022 年 10 月第 1 次印刷
开　　本	710×1000　1/16
印　　张	10
字　　数	142 千字
定　　价	58.00 元

凡购买中国社会科学出版社图书，如有质量问题请与本社营销中心联系调换
电话：010-84083683
版权所有　侵权必究

前言

改革开放以来,我国经济在高速发展的同时,也逐渐暴露出供给体系与需求不匹配、经济结构不合理等供给侧、结构性和体制性的问题。2015年11月,习近平总书记主持召开中央财经领导小组第十一次会议,重点关注经济结构性改革和城市工作,会议提出要在适当扩大总需求的同时,着力加强供给侧结构性改革,着力提高供给体系质量和效率,增强经济持续增长动力,推动我国社会生产力水平实现整体跃升。自此,供给侧结构性改革登上舞台。国外众多实践表明,社会变革或经济结构转型常会引起劳动力市场的变动、导致劳动者失业等问题。那么我国的供给侧结构性改革,作为经济转型的调控政策,对劳动力市场产生何种影响?又会对劳动力市场中的劳动者的工作产生何种影响呢?

"去产能"作为供给侧结构性改革重要任务之一,主要是有效化解我国经济发展中突出的产能过剩问题。国内专家学者初步探讨了供给侧结构性改革中"去产能"任务对我国劳动力市场可能产生的影响。从理论层面分析,去产能重点影响的行业会降低劳动力需求,在劳动供给等条件不变情况下,则劳动雇佣量减少,导致部分劳动力失业或者流向其他行业。那么现实中去产能政策究竟会对劳动力市场产生怎样的影响,劳动者个体是面临失业、转岗,还是重新再就业?这些问题亟待我们去深入剖析,而这也正是本书的研究主题。

本书以历年国务院政府工作报告和国家"五年规划（计划）"纲要等政策文件为主，通过回顾梳理去产能政策的演变，确立去产能政策重点影响的行业，并根据行业范围相近程度从近到远和受影响程度从强到弱界定第二、三类行业作为对比。然后，将去产能政策重点影响的行业和中国家庭收入调查数据（CHIP2013）进行匹配，基于劳动经济学的视角，从劳动者个体微观层面出发，研究去产能政策对不同行业内劳动者的工作变动、就业结构转换和失业等方面的就业影响。利用CHIP2013数据，控制更多影响变量进行Logit回归分析，进一步验证去产能重点影响行业内的劳动者与其他非重点行业内的劳动者的就业效果差异。最后，分别以单个年份、政府任期、单个"五年规划（计划）"和两个"五年规划（计划）"等几类划分时间宽度作为考量，运用DID（双重差分法）的实证方法评估去产能政策的单年和长期的就业效果。在此基础上，根据回归结果对去产能可能造成的相对失业情况进行估算，为"十三五"规划后的去产能政策实施提供参考。

描述统计分析结果。在工作变动与失业方面，第三类行业的劳动者比去产能重点的第一类行业劳动者的工作更稳定，发生变动的概率显著要低。第二类行业的劳动者虽然在工作变动方面与第一类行业的劳动者没有显著差异，但其工作变动更多地表现为重新就业，而工作变动转为失业情况的概率显著比第一类行业的要低。在工作转换的就业行业选择方面，第二类行业劳动者相比于第一类行业更多地流向本行业，次之是流向第三类行业，流向去产能重点影响的第一类行业最少。第三类行业劳动者相比于第一类行业更多地流向本类行业，次之是流向第二类行业，流向去产能重点影响的行业最少。而属于去产能重点影响行业的劳动者在就业结构转换时一方面是在本行业内部重新分配，另一方面主要是流向第三类行业。

去产能政策的就业效果。去产能政策实施的单年就业影响，使得第二类、第三类行业劳动者相比属于去产能重点影响行业内的劳动者更多地发生了就业结构转换而不是失业。从实证分析的稳健性检验和政策的长期就业影响考虑,将政策划分为不同的阶段进行进一步评估验证。若以政府任期作为时间宽度进行评估,则去产能政策并未造成其重点影响行业内的劳动者相比于其他类行业有明显的工作变动和失业;若以"五年规划(计划)"的期限作为时间宽度进行评估,第二类、第三类行业的劳动者在一些"五年规划(计划)"时期发生工作变动的概率要高,但其工作变动的结果并不是显著的失业而是转岗。而同样,在两个"五年规划(计划)"时期,一方面是第二、三类行业劳动者更多地发生就业结构的转换,另一方面是去产能政策的实施并未使其重点影响的第一类行业劳动者出现明显的失业。

去产能重点影响行业相对失业规模的估算。在正常情况下,去产能政策并未造成其重点影响的第一类行业的劳动者比其他类行业有较高的失业概率。但是在个别年份和"五年规划(计划)"时期仍存在第一类行业的劳动者比第二类行业的失业概率高 11.4%—29.1%。本书以国家统计局公布的各类型普查数据为依据,选取各数据中与重点行业人员相近的数据作为估算基数,在满足特定的前提下,估算出去产能重点影响的行业比第二类行业在发生失业的情况下要多失业 64 万—756 万人。

从历史上去产能对就业的影响看,受去产能重点影响的行业并未出现明显性的失业,这应该多半归功于第三产业的增长有效吸纳了剩余劳动力。然而,随着供给侧结构性改革的提出,"去产能"作为五大重要任务之一,力度势必有所加强,其对劳动力市场的影响可能超过以前的各个时期。国家在推进去产能政策时,不仅要做好如何"去",更要谋划如何"安"。一方面在推动去产能重点影响行业内的企业发生兼并和被淘汰时,要结合历史经验进行稳步有序推进,实施阶段性疏解改革以减轻劳动力市场的负荷;另一方面要立足长远,做好增加就业岗位的战略性规划促进工作，做好劳动力市场自由匹配效率的市场性推进工作，做好就业转换期间对受重点影响行业内劳动者精准安置的保护性政策工作。

目录
Contents

第1章 绪　论 // 1
　　一　研究背景和问题提出 // 1
　　二　研究内容和逻辑框架 // 3
　　三　研究数据和研究方法 // 6
　　四　研究创新 // 8
　　五　文章结构安排 // 9

第2章 理论及文献研究 // 12
　　一　理论解释 // 12
　　二　去产能政策对就业影响的文献研究 // 15
　　三　文献评述 // 20

第3章 去产能政策演变与影响行业变化研究 // 22
　　一　去产能的政策演变 // 22
　　二　去产能影响行业的变化梳理 // 28
　　三　本章小结 // 32

第4章 去产能重点影响行业相关情况变化的宏观数据分析 // 34
　　一　重点影响行业产量及产量增长率变化情况 // 34
　　二　重点影响行业产量分地区变化情况 // 44
　　三　重点影响行业从业人员变化情况 // 51

四　本章小结 // 57

第5章　去产能对就业影响的微观数据分析 // 58

　　一　研究数据简介与处理 // 58
　　二　去产能重点影响行业与就业转换基本情况描述 // 61
　　三　就业结构变动的回归分析 // 66
　　四　本章小结 // 79

第6章　去产能政策就业影响实证评估 // 81

　　一　政策单年就业效果双重差分法评估 // 81
　　二　政策长期就业效果双重差分法评估 // 92
　　三　去产能重点影响行业的相对失业规模估算 // 105
　　四　本章小结 // 108

第7章　研究结论与政策意义 // 113

　　一　研究结论 // 113
　　二　政策意义 // 119
　　三　研究不足和展望 // 120

附录

　　附录A　国务院政府工作报告——去产能相关政策摘编 // 123
　　附录B　研究数据CHIP2013样本有效性处理过程 // 134
　　附录C　政策单年就业效果具体评估结果 // 141

主要参考文献 // 144

后　记 // 151

致　谢 // 153

第 1 章 绪 论

明镜者，所以察形也；往古者，所以知今也。

——《大戴礼记·保傅》

一 研究背景和问题提出

自改革开放以来，我国经济长期保持高速发展态势，但近些年来经济增长速度放缓、投资增长速度下降、工业品价格下跌、企业利润下降等问题逐渐浮现，经济发展步入"新常态"阶段。究其原因是供给体系与需求不匹配、经济结构不合理等供给侧、结构性和体制性的问题。2015年11月中央财经领导小组第十一次会议由习近平总书记主持召开，重点关注经济结构性改革和城市工作，会议提出要在适当扩大总需求的同时，着力加强供给侧结构性改革，着力提高供给体系的质量和效率，增强经济的持续增长动力，推动我国社会生产力水平实现整体跃升。[①] 自此，供给侧结构性改革登上舞台。

作为宏观性调控政策的供给侧结构性改革，尤其是改革政策落实到具体任务上会对微观经济产生何种影响？从劳动经济学视角看，供给侧结构性改革究竟会对劳动力市场产生何种影响？这些问题广受关注。如果要探究供给侧结构性改革如何影响劳动力市场，就应该先了

---

① 资料来源：《习近平主持召开中央财经领导小组第十一次会议》，2018年3月16日，中央政府门户网站（http://www.gov.cn/xinwen/2015-11/10/content_5006868.htm）。

解供给侧结构性改革是如何具体着手实施的。2016年，习近平总书记指出，推进供给侧结构性改革的落脚点在于做好"三去一降一补"（去产能、去库存、去杠杆、降成本、补短板）五大任务，即从生产端入手，重点是促进产能过剩有效化解，促进产业优化重组，降低企业成本，发展战略性新兴产业和现代服务业，增加公共产品和服务供给，提高供给结构对需求变化的适应性和灵活性。[①] 由此可见，作为供给侧结构性改革任务之一的"去产能"必将是未来重点推行的政策。

产能过剩已是我国经济现阶段发展中的突出问题，钢铁等行业的过剩产能严重制约了我国当前和未来经济的发展，而"去产能"的实施又势必导致一些落后企业遭受淘汰，同时也会促成一些企业进行合并重组。这些变化又会进一步引发相关企业员工的转岗、失业和再就业问题。那么，在现实层面，去产能政策的实施究竟会对劳动力市场有何影响？对劳动力市场中的劳动者个体又会产生何种影响？劳动者是面临失业、转岗，还是重新再就业？这些问题非常重要，也非常复杂，亟待我们去深入剖析。

通过对国务院政府工作报告和国家"五年规划（计划）"纲要等历年政策文件进行梳理，可以发现"去产能"政策长期以来就存在。政策文件中，在"九五计划"之前主要以提高生产能力为主，到"九五计划"开始提及产业升级和淘汰落后产能，一直到现如今以"去产能"为主要任务进行表述。从政策的历史演变中可以看出"去产能"政策具有变化性和持续性，但该政策在过去和现今相比，在具体实施的行业对象上有一定的共同性。虽然新提出的"供给侧结构性改革"下的去产能对就业的影响未必迅速显现，也难以及时获取更多直接相关的数据进行深入分析研究，但我们可以根据往年与现今"去产能"类似

---

① 资料来源：《习近平在省部级主要领导干部学习贯彻党的十八届五中全会精神专题研讨班上的讲话》，2018年3月16日，新华网（http://www.xinhuanet.com/politics/2016-05/10/c_128972755.htm）。

的政策表述，确定政策变化的共同点来探究其对劳动力市场的影响，从而为"供给侧结构性改革"对劳动力市场可能产生的影响提供一种借鉴。因此，本研究提取出历史上"去产能"政策与现今政策的共同部分，基于历史数据对政策共同部分的就业影响机制进行评估，明确供给侧结构性改革提出之前的去产能政策对劳动者在就业结构转换和失业方面的影响效果。通过历史上"去产能"政策的就业影响效果，来窥探供给侧结构性改革背景下该政策对劳动力市场中劳动者就业问题的可能影响效应。

正如绪论开篇所言："明镜者，所以察形也；往古者，所以知今也。"我们可以通过历史上的事来了解现今的情况。供给侧结构性改革提出后，去产能政策可能产生的失业问题引起了各界热议。针对这一现实问题，本书通过对过去的去产能政策的劳动力市场效应进行分析，为现今的情况提供参考，为政策的稳定、持续、有效实施提供借鉴。另外，劳动力市场的就业受到供给和需求两方面因素的影响。近些年，广受关注的"人口老龄化"、放开"全面二孩"到实施"三孩生育政策"等热点问题，其本质上探讨的是劳动力供给方面变化的冲击对劳动力市场的影响。然而关于去产能对劳动力市场影响的问题，实质是宏观政策导致劳动力需求变化所产生的冲击对劳动力市场的影响。探讨该问题有助于丰富需求方冲击对劳动力市场产生影响的相关研究。因此本文选题既具有理论意义，也具有现实价值。

二 研究内容和逻辑框架

（一）主要研究内容

本书旨在探索我国去产能政策对劳动力市场的微观就业影响，分析劳动者个体在宏观政策下的就业结构转换与失业影响，评估去产能政策的劳动力市场效应，并从微观实证角度对宏观的失业情况做出预测。本书主要研究内容从以下几个方面展开。

第一，去产能及相关政策的演变研究。通过历年国务院政府工作报告和国家"五年规划（计划）"纲要，梳理去产能政策的变化，整理去产能政策长期以来所涉及的主要行业范围，总结出政策涉及的"宽口径"行业。在"宽口径"行业中筛选出历年"去产能"影响的"窄口径"行业，即去产能重点影响的行业，以便通过行业与微观综合性调查数据实现匹配和行业间对比分析，为后续研究做好准备。

第二，去产能政策对就业影响的实证分析。去产能政策究竟会对劳动者个体产生何种影响？是转岗还是失业，抑或是提前离退休？这是本书需要解决的主要研究问题之一。基于综合性调查数据，以多元回归分析为主，结合描述性统计分析，考虑去产能重点影响行业（第一类）与其他行业（第二、三类）的从业人员就业结构变化的差异[①]，比如可观察三类行业的从业者在结束第一份工作转到第二份工作时所选行业的变化，也可观察从业者在第一份工作结束后转失业、转正常离退休等状态的行业间差异比较。通过行业间的对比分析，厘清去产能对就业的影响。

第三，去产能政策的就业效应评估。"去产能"从提出到实施已有很长时间，该政策历年对劳动力市场的影响效果如何呢？通过前文对去产能政策演变的梳理，明确去产能政策的提出时间，结合综合性调查数据，运用 Difference-in-differences（双重差分法）检验去产能单年的就业效果。并从结果的稳健性检验和政策的长期就业效果出发，运用双重差分法检验按政府任期、五年规划（计划）纲要等时间节点为宽度的阶段性就业效果。同时考虑控制其他经济环境因素变化的影响，准确评估去产能政策对劳动力市场的影响效果。

---

① 第一类：采矿业，制造业（勘测及矿物开采/金属冶炼、轧制人员；化工产品生产人员；建筑材料生产加工人员；玻璃、陶瓷、搪瓷及其制品生产加工人员），建筑业（建筑材料生产加工人员）；第二类：制造业中其他职业，建筑业中其他职业；第三类：除第一类和第二类以外的所有行业。第二类作为内部对照，第三类作为外部对照。具体行业划分依据和方法详见本书第五章第二节，在此不另做详述。

第四，估算去产能政策可能造成的失业量。通过微观数据的回归分析，得到去产能重点影响行业的从业者相比其他类行业从业者的失业概率差异，以去产能重点影响行业的从业人员数为估算基数，对去产能重点影响行业的相对失业量进行估算。

（二）逻辑框架

为更加清晰直观地展示本书的研究逻辑，本书将所要研究的对象、研究的主要内容、所使用的研究方法等按照逻辑思路整合为图1-1。

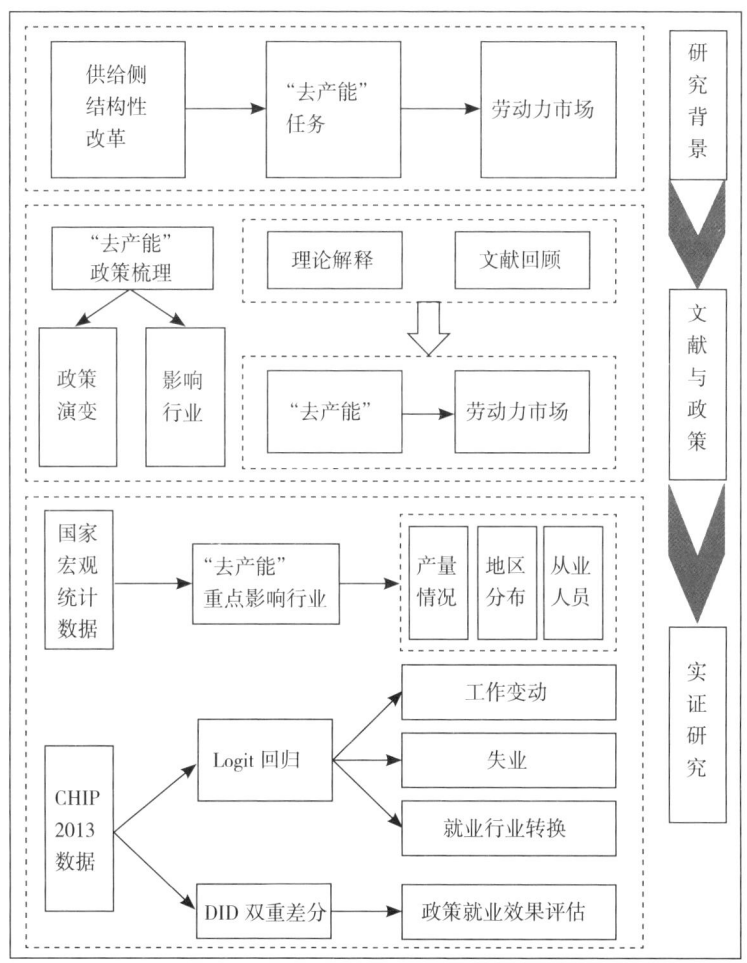

图 1-1 研究逻辑框架

总体逻辑思路为：首先，供给侧结构性改革的提出使得其五大任务"三去一降一补"得到关注，学界对各任务可能产生的影响进行研讨。从劳动经济学视角看，作为重要任务之一的"去产能"对劳动力市场可能产生的影响引起学界关注。基于此，引出了本书的研究问题：去产能政策何时开始实行？以前的实行效果对劳动力市场影响如何？带着研究问题，一方面通过文献研究梳理国内外经济结构转型对就业的影响，另一方面基于国家政策文件梳理去产能的政策演变和影响的行业变化。其次，通过国家宏观性统计数据对去产能宏观层面的影响进行描述，勾勒出基本情况。再次，运用综合调查数据了解劳动者的工作变动情况、失业情况，以及就业结构转换等，从微观角度剖析去产能政策对劳动力市场的影响。最后，对去产能政策的就业影响效果进行实证评估并总结研究结论。

三 研究数据和研究方法

（一）研究数据

本书主要采用了两大类数据：国家宏观性统计数据和综合性调查数据。

第一类数据来源是中国统计年鉴、省级统计年鉴、中国人口和就业统计年鉴、中国有色金属工业年鉴、国家统计局进度数据库等为主的官方宏观性统计数据。使用该类数据主要是对去产能政策重点影响行业的历年产量变化和人员变化等情况进行描述性统计分析，掌握去产能政策对其重点影响行业宏观层面带来的变化。

第二类数据是用于实证回归分析的综合性调查数据。数据来源是中国收入分配研究院的中国家庭收入调查（Chinese Household Income Project, CHIP）。该数据已经相继在1989年、1996年、2003年、2008年和2014年进行了五次入户调查。它们分别收集了各调查年份前一年的收支信息,以及其他家庭和个人信息。这几次调查是由中外研究者共同组织的,也是关于"中国收入和不平等研究"的组成部分,并且在国家统计局的协助下完成。所有的 CHIP 数据均包含针对城镇和农村住户的调查。本书选用最新的 2013 年数据,CHIP2013 的样本来自国家统计局 2013 年城乡一体化常规住户调查大样本库。CHIP 调查组根据东、中、西分层,按照系统抽样的方法抽取得到样本。样本包括在 15 个省份 126 城市 234 个县区中抽选出的 18948 个住户样本(7175 户城镇住户样本、11013 户农村住户样本和 760 户外来务工住户样本)和 64777 个个体样本。数据内容涵盖住户个人层面的基本信息、就业信息,以及家庭层面的基本信息、主要收支信息和一些专题性问题,覆盖除新疆外的 14 个省份,包括收入、支出、住户成员个人情况、2013 年劳动时间安排、就业情况、住户资产、拆迁征地情况、农业经营等内容。[①]

(二)研究方法

本书主要采用文献研究和实证研究等方法对确立的研究主题进行分析和研究,具体如下。

第一,文献研究。一是通过检索国内外学术文献,主要围绕"去产能""社会和经济转型""就业与失业"等主题词及其相互间的关系研究为主题,回顾已有研究成果,掌握相关研究进展。二是通过梳理国务院政府工作报告和国家"五年规划(计划)"纲要,厘清去产能政策演变和行业变迁。通过文献研究,掌握去产能与就业影响等问题的研究现状,分析现有研究的不足和缺陷,从而确定文章的研究依据、分析框架和研究方法,提出本书的研究主题和具体研究内容。

第二,对比分析。本书梳理了历年去产能政策影响的行业范围并

---

① 资料来源于中国收入分配研究院,2018 年 3 月 16 日,http://www.ciidbnu.org/chip/。关于本书对该数据的详细处理和使用,请参见本书第五章与附录 B。

划分行业类别，将去产能重点影响行业与其他类别行业的就业情况进行对比，从而清晰界定出去产能的就业影响。当然，对比分析法的思想贯穿全书，包括双重差分法分析也包含了政策实施前后就业情况差异的对比，以进一步展现去产能政策对就业的影响效应。

第三，描述性统计分析。主要包括两方面：一方面是利用国家宏观统计数据，对去产能重点影响行业的现状进行描述统计分析；另一方面是使用2013年中国家庭收入分配数据（Chinese Household Income Project, CHIP2013），将劳动者的行业/职业进行分类，描述劳动者就业结构转换和失业的情况，并进一步考虑地区、教育、性别等变量影响下的就业结构转换和失业情况。

第四，计量经济学分析——Logit回归。根据本书研究内容，设立是否发生工作变动、是否失业和就业结构转换等虚拟因变量，加入人口特征、省份、年份等控制变量，进一步探析去产能政策重点影响的行业与其他行业之间在就业结构转换和失业方面的差异是否显著。

第五，计量经济学分析——双重差分法。基于对去产能政策的梳理，初步判断出政策效果显现的时间点，使用双重差分法（Difference-in-differences, DID）对去产能政策造成的工作变动和失业影响效果进行评估。

四 研究创新

本书的创新之处体现在以下三个方面。

第一，研究主题具有前沿性。本书以政策重点影响的行业为切入点，剖析历史去产能政策就业效果为现今情况提供参考，研究主题具有前沿性。去产能政策作为一揽子政策的总称，其涵盖内容多、覆盖面广且具有变化性，对该政策的就业影响进行研究分析具有难度。但是，该政策无论是在供给侧结构性改革提出之前还是提出之后，其影响的主要行业范围相近。所以抓住主要影响行业稳定这一切入点，研究之前去产能政策的就业影响能够为现今的情况提供参考。本书通过对历年去产能政策进行梳理，圈定历年重点影响行业范围并划分行业类别，一方面将去产能重点影响行业与综合性调查数据中个体劳动者的所属行业进行匹配，架接起宏观政策对个体劳动者就业影响的实证研究桥梁，另一方面将去产能重点影响行业与其他类别行业的就业情况进行对比，从而清楚界定出去产能的就业影响。

第二，研究内容具有实践性。本书运用回归模型分析了去产能对就业的微观影响。去产能虽是作为宏观调控政策，但其更多的是影响到劳动力市场中的微观个体。之前的研究主要集中于理论层面剖析我国去产能政策在供给侧结构性改革背景下可能导致的失业问题，本书在此基础上运用综合性调查数据系统地对去产能可能引起的就业结构转换和失业问题进行了实证分析，将理论层面的研究拓展到实践层面。

第三，研究结果具有参考性。基于微观数据对去产能重点影响行业的相对失业量进行预测。去产能究竟会带来多少失业，是各界最为关注的问题。目前现有的研究多是通过产能削减量等宏观数据对失业进行估算，而本书通过微观数据的实证分析，对受去产能重点影响行业的劳动者的失业变量进行回归，获得失业概率，并使用不同宏观统计数据中重点行业人员数为基数，计算重点行业相对失业量的预估参考值，为学界和宏观决策者提供参考。

五 文章结构安排

本书共分为七章，具体结构如下。

第1章：绪论。本章首先是阐述本书的选题背景，引出需要研究的问题。然后明确本书主要的研究内容与逻辑框架，在此基础上介绍本书所使用的研究数据和研究方法。最后概括本书的研究创新和贡献。

第2章：理论及文献研究。本章主要通过梳理相关研究文献，归纳和评述已有研究成果。主要从三个方面展开：一是从理论角度对研究主题进行阐述，二是检索"去产能"对就业影响的相关研究文献，三是总结归纳现有研究并对已有的文献进行评述。

第3章：去产能政策演变与影响行业梳理。本章主要通过对政策文献的梳理归纳来探究文章确立的第一个研究内容。具体如下：根据历年国务院政府工作报告和国家"五年规划（计划）"纲要等政府文件对去产能的演变进行梳理，归纳去产能政策影响的行业变化，界定去产能政策自实施以来一直重点影响的行业，并以此作为研究切入点。

第4章：去产能重点影响行业历年情况宏观数据分析。本章主要是基于国家宏观性统计数据对去产能重点影响行业的发展状况进行描述性统计。具体从以下两方面展开：第一，通过前文对去产能政策的梳理，界定去产能的重点行业；第二，从产量变化情况、地区分布情况和从业人员变化情况等方面分析去产能重点影响行业在政策影响下的变化情况。

第5章：去产能对就业影响的微观数据分析。本章主要是分析探讨前面章节中的第二个主要研究内容。具体研究过程如下：首先对2013年中国家庭收入分配数据（CHIP2013）进行有效性处理，并将前文梳理的去产能重点影响行业与数据中的行业进行匹配分类。其次，将去产能重点影响行业以外的行业分为两类，分别作为内部和外部参照。再次，对分类好的三类行业中从业者的工作是否转换、是否正常离退休和失业进行描述性统计，观察去产能重点影响行业与其他行业的从业者的就业效果差异。最后，运用Logit回归分析，控制人口特征、教育、省份和年份等变量，进一步探析三类行业的劳动者就业效应差异。

第 6 章：去产能政策就业影响的实证评估。本章主要是基于双重差分法探究本书确立的第三、四个主要研究内容。第一，以去产能政策提出之前的年份（1997 年前）为基期，建立单年政策效果评估模型，确立去产能每年的就业影响效果；第二，按照政府任期、国家发展规划的时间点作为参考，划分政策实施的时间阶段，对去产能政策的就业效果进行阶段性评估，准确把握去产能政策的就业影响；第三，根据前文回归所得的失业系数和重点行业人员数对去产能重点影响行业的失业规模进行估算。

第 7 章：研究结论与政策意义。主要对本书所研究问题的成果进行归纳，表明研究的政策意义，以及指出本书研究局限之处并在未来的研究中进一步完善。

第 2 章
理论及文献研究

一 理论解释

宏观经济学中有两个重要的经验规律：菲利普斯曲线（Phillips, 1958）与奥肯定律（Okun, 1962）。菲利普斯曲线是关于失业率和通货膨胀率之间反向变动关系的经验规律，而奥肯定律是反映经济增长和失业率之间反向变化关系的经验规律。这两个重要的经验规律构成了凯恩斯主义总供给曲线的基础，对宏观经济学的发展起到重要的作用（方福前等，2010）。同时这两个重要的经验规律也对劳动经济学的研究具有重要意义。因为提及失业问题，这属于劳动经济学研究范畴的重要内容。本书所关注的研究主题——去产能政策对劳动力市场的就业影响——实质上正是探讨宏观性产业政策与就业或失业两大变量的关系问题，因此这两个宏观经济学规律无疑为本书的研究主题架起了桥梁，为本书的研究奠定了重要的理论基础。

从劳动经济学视角看，劳动者就业水平受到供给和需求双重因素的影响。从劳动供给侧看，自然因素（人口规模、人口自然结构、劳动者个人身体状态）、经济因素（工作偏好、经济周期）、社会制度因素（劳动制度、工资制度）等共同决定着劳动力供给水平。从劳动需求侧看，在生产要素市场上，劳动力需求来源于追求利润最大化的厂商，是一种"派生需求"，即影响劳动力需求的因素主要包括厂商的利润最大化目标、厂商所使用的技术、厂商的生产时间长短和社会制度环境等。然而，劳动经济问题的研究又与一个国家一定时期的劳动力市场上的制度紧密相关。去产能政策作为供给侧结构性改革下的重要任务之一，虽然不是直接针对劳动力市场的具体举措，但该政策会直接作用于企业，导致相关企业淘汰或兼并重组，而作为派生需求的劳动力必然会受到影响。从劳动力供给曲线和需求曲线看，在劳动力供给条件不变的情况下，去产能重点涉及的行业劳动力需求减少使得劳动需求曲线左移，则劳动力雇佣量减少，导致部分劳动者失业或者流向其他行业。

在市场经济条件下，经济学假设企业是以实现利润最大化为目标。在这样的目标下，企业有两种选择：一是在保持成本不变的情况下，尽可能多地实现最大产量；二是在产量既定的情况下，尽量减少生产成本。所以，假设在技术水平既定条件下，劳动力需求会受到企业利润最大化目标的影响。从生产函数看，去产能政策直接导致相关企业的产量降低，即为实现利润最大化目标，企业需要在限定的产量情况下尽量减少生产成本。具体以 Cobb-Douglas 生产函数为例：

$$Y=f(L, K) =AL^a K^{1-a}$$

当产量发生变化时，企业会对资本和劳动等要素进行重新组合。从短期来看，投入的资本 K 不可变。因此，企业调整劳动力需求是实现利润最大化目标的主要方法。在短期内，企业主要考虑边际劳动收益是否等于劳动工资率。去产能影响的是部分企业，在完全竞争市场中，当产量 Y 因政策影响而下降时并不会影响产品价格的改变和劳动工资率的改变，如果假设技术因素等条件未发生改变，则企业对劳动力的需求将会减少。但同时削减劳动力需要遵循一定的规章制度，如果只是由于产量的减少，企业一般不会大规模裁减员工，所以短期内并不会产生明显的失业，更可能出现的情况是企业未来减少招聘人员的数量。当然，如果是政策直接导致较多企业关闭，那裁员会更严重一些，短期内也会造成明显的失业。

从长期看，投入的资本 K 和劳动 L 均可变。如果假定技术因素等不变，劳动力与资本保持固定的比例关系，在总产量 Y 减少的情况下，等产量线向低区移动，劳动力需求 L 与资本需求 K 同比例减少。当然从长期来看，除了资本 K 和劳动 L 等可变外，技术因素也是可变的，并且是影响企业劳动力需求的一个重要因素。如果假定技术因素可变，有两种情况：一方面企业可能倾向于资本密集型的技术发展，则企业会增加资本投入，即生产函数中 K 上升，那么劳动力的需求 L 会减少；另一方面，如果企业倾向于劳动密集型的技术发展，则劳动力需求 L 会相对增加。当然从去产能的角度看，更加注重淘汰落后产能，进行企业技术的转型升级，因此更可能是资本密集型的技术发展，而减少对劳动力的需求。

简而言之，技术对劳动力需求的影响表现为两个方面：一方面是企业能够以较少的劳动投入生产既定的产品量，对劳动力的需求减少；另一方面是导致企业的生产成本降低，产品价格下降，产品销量上升，产出规模加大，反过来促进对劳动力的需求。对单个企业来说，技术的进步往往使得劳动力被替代，导致对劳动力的需求降低，但如果是整个行业的技术进步，则会带来产品规模扩大，产品消费增加，从而导致消费的派生需求增长，使得劳动力需求上升。

综上所述，无论是从短期考虑还是长期考虑，去产能一方面会导致企业生产产量的下降，另一方面去产能政策在于推动企业进行转型升级和淘汰落后的生产能力，从而导致部分企业重组或关闭。因此，去产能政策两个实施路径产生的效果均会降低对劳动力的需求，导致其重点影响行业的劳动力外流，从而发生就业结构的改变，当其他行业就业容量趋于饱和时，必然会造成一定的失业。

二 去产能政策对就业影响的文献研究

(一)关于产能过剩的研究

"产能过剩"的概念最早是由张伯伦(Chamberlin, 1933)在《垄断竞争理论》一书中提出,持续的产能过剩是由垄断竞争导致的平均成本高于边际成本而产生的。我国自20世纪八九十年代"产能过剩"的提法开始出现后,首先引起学术界广泛争论的是关于这个命题的真伪。一些学者认为"产能过剩"是正常的经济现象,过剩经济是市场经济的本质,公平的市场竞争环境和信息对称会调整过剩产能,产能过剩不会对经济发展产生太大影响。然而,有的学者直接指出产能过剩本身是个伪命题,中国现阶段不存在产能过剩问题(左小蕾,2006;刘福垣,2006)。当然,有的学者认为政府需要对产能过剩问题进行适当的调控和引导,否则企业盲目投资和重复建设造成的损失往往会由政府买单(张晓晶,2006)。自改革开放以来,不管产能过剩问题的真伪,政府在经济发展和改革过程中已经对产能过剩问题采取了积极调控和引导措施(卢峰,2010)。多数学者认为应该辩证地看待产能过剩问题。尚鸣(2006)认为,产能过剩是经济周期性波动造成的,是一把双刃剑,其不仅会成为社会和经济发展的阻力,而且还可以反过来倒逼经济结构进行调整和升级。此外,一些学者认为产能过剩是确确实实存在的一个真命题,产能过剩是经济发展中供求关系调整的一个阶段性现象,而我国存在局部性、结构性、体制性的产能过剩问题(杨正位,2006)。

一方面学者们对产能过剩这个命题的真伪有不同的看法,另一方面产能过剩究竟是什么也引起了学界的争论。一些学者从不同的角度对其进行定义。李江涛(2006)从区分"生成过剩"和"产能过剩"的角度,对"产能过剩"做出了界定,认为"产能过剩"注重考察产品的生产能力,是投资规模和结构不合理、超出市场有效需求造成的,对经济的运行具有现实性和潜在性危害。王岳平(2006)的研究表明,过剩的生产能力是指供大于求的产能数量超过维持市场良性竞争所必要的限度,企业以低于成本的价格进行竞争时超出限度的生产能力。罗蓉(2006)的研究也表明不能将必要的供过于求现象称之为"产能过剩",只有当供过于求的产能数量超过维持市场竞争必要的限度并产生负面影响时,这超过限度的部分才是"产能过剩"。张晓晶(2006)分别从宏观和微观角度对产能过剩进行了区分和界定,当经济活动低于潜在的产出水平,导致资源未得到充分利用是宏观产能过剩,而当企业在边际收益等于边际成本的情况下所出现的产能过剩是微观产能过剩。周劲(2007)在总结相关学者观点的基础上认为,产能过剩是一个相对的概念,根据影响的时间段可分为即期过剩和预期过剩,一定时期内的行业的实际产出低于该行业的生产能力时,表明该行业在此时期内出现了"产能过剩"问题。

在定义"产能过剩"的讨论范畴之外,诸多学者开始研究"产能过剩"是如何产生的。对于产能过剩产生的原因,沈煜等(2016)将其总结为三个方面,即市场的失灵、政府的干预和结构的失衡。张维迎(1998)认为公有经济不仅没有能消除过度进入和重复建设,反而使过度进入和重复建设问题变得更为严重,即公有经济是引起产能过剩的原因之一。林毅夫等(2007、2010)认为产能过剩不仅是由经济周期变化引起的,更有可能是投资的"潮涌现象"导致的,即企业家们容易对一个有前景的产业形成共识,集中投资于共同的产业而导致过剩,当然这背后深层次的原因是企业和总量信息不足。周黎安(2004)的研究指出,官员的晋升博弈会影响区域经济的发展,而其所产生的负面效应之一就是重复建设问题导致的产能过剩问题。持相同观点的还有江飞涛等(2012),他们从政府干预角度出发,认为我国的财政分权体制和以 GDP 为主要政绩标准的官员晋升体制导致地方政府干预企业投资，外加各种为招商引资而出台的优惠政策使得企业自由投资低，扭曲了企业自身投资行为，从而导致企业过度地投资和产能过剩问题。曾湘泉等（2016）在总结前人研究的基础上，将产能过剩产生的机制概括为两个方面：一方面是市场因素引起，主要有总需求下降、信息不对称以及行业壁垒的存在等原因；另一方面是体制因素引起，主要有地区竞争和企业体制性退出障碍等原因。

（二）关于去产能对就业影响的国内研究

尽管在 20 世纪关于"产能过剩"是否真实存在这个命题还一直留有争议，但进入 21 世纪后，尤其是现阶段随着供给侧结构性改革的提出，"产能过剩"成为一个不折不扣的影响经济发展的真实命题。

在供给侧结构性改革背景下化解过剩产能将会直接影响企业的生产选择，进而作用于企业对员工雇佣的派生需求，影响到劳动力市场的就业。杨伟民（2016）在中国经济年会上指出，供给侧结构性改革更多作用于微观而不是作用于宏观，化解产能过剩会涉及部分群体的就业和收入。杨振（2016）重点分析了供给侧结构性改革中的去产能政策，文中指出存在产能过剩的钢铁、水泥等行业往往是固定资产投资大、提供的就业岗位多，因此去产能的背后往往涉及就业等问题，淘汰产能对地方政府来说意味着增加失业。在具体的就业影响方面，丁守海等（2016）提出了供给侧结构性改革与就业转换的三阶段假说，即改革初期，由于制度红利迸发且市场作用尚不明显，所以就业会增加；到改革中期随着制度红利减弱且市场机制产生作用，就业下降；到了改革后期，由于落后产能退出而新兴产业崛起，就业将转好。

究竟去产能会导致多少失业，这是社会各界都比较关心的问题。除了理论方面对去产能导致的失业问题进行探讨外，在供给侧结构性改革政策出台后，一些学者开始尝试对失业进行估算。张杰等（2016）根据煤炭、钢铁、水泥和电解铝等行业的削减产能量估算去产能政策将导致约150万—300万人的直接性失业，而如果考虑去产能上下游关联行业受到的影响造成的间接性失业，那么失业规模可达到300万—600万人以上。同样，任泽平等（2016）假设产能下降幅度等于就业下降的幅度，从削减的产能任务量着手估算，未来两到三年将有300万人失业。任继球（2017）采用投入产出分析方法，利用2012年139个部门的投入产出表和2013年经济普查数据，估算出在最大去产能任务下，钢铁和煤炭产业因去产能导致的直接和间接失业影响将会达到682.08万人。丁守海等（2016）以中国宏观数据对可能造成的失业影响进行了检验，研究表明供给侧结构性改革初始三年，我国就业持续上扬，且主要来自服务业，但是随着供给侧结构性改革的推进，服务业的就业吸纳速度放慢而第二产业排解劳动力加快，导致目前就业增长放缓。当然，一些研究表明本轮去产能与20世纪90年代的企业改革不同，去产能行业的改变、我国综合国力的增强以及各种新就业渠道政策的落实等措施，使得供给侧结构性改革中"去产能"任务导致的失业风险完全可控（沈煜等，2016）。

（三）关于去产能对就业影响的国外研究

通过查阅国外的相关文献，可以得知国外学者在此方面的研究更多的是讨论经济结构转型对劳动力市场的影响，这在一定程度上与我国的去产能政策具有异曲同工之处。国外众多经验表明，社会变革或经济结构转型都会发生就业转换或引起失业。

Oesch & Baumann（2014）通过将瑞士因制造工厂倒闭而被解雇的1203个下岗工人作为数据样本，从不同的经济学角度分析了他们重新就业的决定、重新就业所选择的行业和工资水平的变化。该研究表明在离职两年后，大部分的工人会重新就业，具体为：69%的工人重新就业，17%的工人仍失业，11%的工人退休。在重新就业的工人中，有三分之二的工人仍在制造业找到工作，三分之一的工人转向服务业。和正常的理论推想不同的是，低端服务业并不是失业产业工人的收集槽。年龄为55岁及以上的下岗工人，在企业倒闭后会在劳动力市场受挫更大，其中30%以上的人处于长期失业，而这部分人中找到工作的都有不同比例的工资下降。年长且非低教育水平的人群在失业大军中是主要的受挫群体。

一些政治经济学者的观点认为，多数制造业的技术工人很难会转向服务业岗位，而低技术蓝领工人也很难适应相同的低技能服务业工作（Iversen & Cusack, 2000）。Greenaway等学者（2000）关于行业转型和劳动力市场流动的研究证实了上面的观点，即大部分的工人流动不是从衰退的行业转到成长的行业中，而是在原行业下更加细分的产业里流动。另外，一些关于劳动力流动的研究也表明，尽管产业结构的转型是由于小部分工人从衰退产业转向上升产业的净流出，但实际上工人在产业内部的流动远高于跨产业的流动（OECD, 2009）。

劳动经济学者认为失业工人重新就业的机会关键在于教育。技能偏向型的技术变革，使得低教育水平的工人在重新获得工作时，会比高教育水平的工人经历更多困难（Bekman等, 1998）。然而，研究生命历程的社会学家认为，年龄是影响再就业的关键因素。他们关于西德失业问题的一项研究指出了这样的悖论，即许多企业愿意长期雇用老年工人，而不是短期雇用他们，但当一家工厂倒闭时，这些年老的工人首当其冲，最先被解雇（Knuth & Kalina, 2002）。

此外还有一些研究关注社会变革产生的失业影响。20世纪90年代中东欧的社会变革和国家内部的经济改革引起了劳动力需求的结构性变化，导致了失业（Aghion & Blanchard 1994; Blanchard 1997; Burda 1993）。Newell等（2006）进一步研究了欧洲波兰的区域性失业水平差异问题，研究发现在经历了工业结构转型的区域具有更高的失业率，并且主要是不断有新的失业人群增加了失业率而不是失业持续的时间长增加了失业率。Dövényi（1994）以欧洲中部国家匈牙利为例，探讨了经济社会转型对就业的影响，研究结果表明经济和社会转型，尤其是政权的更迭会导致失业率的上升，且表现出性别差异、空间差异、年龄差异等。

除了上述大规模的社会或经济转型带来的整体性失业，某一产业或行业的转型也会引起劳动需求的变化，导致部分劳动者失业。Simon（1988）的研究认为，城市的产业结构是影响失业率的决定性因素，并且产业结构的多样性有助于减少摩擦性失业率。Kasarda（1989）的研究表明，美国一些主要城市的工业在从货物处理中心转向信息处理中心时，对高教育水平的劳动力需求显著增加，而对低教育水平的劳动力需求显著减少。

三 文献评述

本部分首先从理论角度分析去产能对劳动者就业的影响，然后总结了国内关于产能过剩问题的研究，在此基础上梳理了国内外在经济转型、产业升级等与去产能政策类似的情况对就业的影响效果。通过文献梳理可以得知：

第一，从理论角度分析，去产能会导致劳动力需求下降。去产能政策的实施会导致生产产量的下降、企业的兼并或关闭，进而影响对劳动力的需求。无论从长期还是短期来看，去产能都会使得受重点影响行业内的劳动者失业或外流。

第二，关于"产能过剩"的研究从有争议过渡到意见统一。20世纪八九十年代，产能过剩问题得到学界关注，但在命题真伪、定义和产生原因方面存在诸多争议。而在改革开放高速发展后的近些年，产能过剩已确确实实转变为阻碍我国经济发展的问题，且政府部门也出台相关政策瞄准"去产能"，坐实了"产能过剩"的问题。

第三，去产能对就业的影响研究在理论层面研究成果丰富。目前国外在社会变革和经济转型等导致失业方面的研究成果比较丰富，并且有实证支持。去产能作为推进我国经济转型的重要部分，目前国内对其影响劳动力市场的研究多是从理论角度分析。主要理论分析表明，去产能政策主要作用于钢铁、水泥等行业，导致行业中企业的退出、兼并或重组，从而会引起失业问题。同时一些研究也表明，去产能对就业的影响分为不同的阶段。

通过文献梳理归纳可以得知，去产能政策会影响到劳动者的就业状况，但目前国内的研究主要集中于理论层面的分析。少量的实证研究也仅是用宏观行业数据对失业状况进行预估，并未涉及具体的劳动者在该政策影响下的就业效果。所以去产能政策究竟会对劳动者个体产生怎样的影响，受去产能政策重点影响的行业内劳动者相比其他行业内劳动者，在该政策影响下的就业情况是否存在差异，这些问题仍需要进一步的探索。

综上所述，本书将基于劳动经济学的视角，从劳动者个体微观层面出发，利用综合性调查数据对去产能重点影响行业内劳动者个体的就业状况进行研究，系统描述在控制不同行业、不同地区、不同年龄、不同教育水平、不同性别等因素情况下劳动者的就业效应，并从就业结构转换和失业等方面对去产能政策的劳动力市场效果进行评估。此外，基于微观数据的回归分析，从劳动者微观个体的就业选择着手，对可能的宏观性失业做出预估，基于研究结果进行结论总结并提供政策启示。

第3章
去产能政策演变与影响行业变化研究

"去产能"成为近年来中央层面关注的重点议题。虽然供给侧结构性改革是近年来中央化解产能过剩的新政,但供给侧改革的思想和实践却早已有之。陈东琪等(2017)的研究表明"产能过剩"这一概念自20世纪80年代提出以来就一直是政策关注的焦点,我国先后经历了三次大规模产能过剩,1998—2001年、2003—2006年以及2009年至今。可见,去产能政策早已有之,且在二十多年间经历了数次政策演变。本部分将以国务院政府工作报告和国家"五年规划(计划)"纲要等政策文件为主要分析对象,通过回顾权威性政策文件,梳理去产能政策的演变情况,并归纳总结去产能政策重点影响的行业。

一 去产能的政策演变

历年政策文件中的去产能政策在具体表述和执行方式上均有差异,究竟哪一年去产能政策开始出现在官方文件中,以及去产能政策经历了怎样的变化呢?本部分将基于官方政策文件对去产能政策的演变进行梳理。

(一)国务院政府工作报告中关于去产能的政策演变

从改革开放后的国务院政府工作报告看,1997年是产能政策由增加产能向压减产能调整的一个重要节点。在此之前我国的产能政策以增加为主，1997年的政府工作报告中提出"压缩、调整某些行业的过剩生产能力"，去产能政策自此拉开序幕。1998年，报告中提出推进重点行业和重点企业的改革和发展，其中"国企员工下岗"首当其冲。① 另外，煤炭、冶金、机械等9个工业部改成国务院直属或部委管理的国家局，而这些部门对口的下属国企也是员工下岗的重灾区。因此可以说1998年的国企改革是助推产能政策调整的一个重要事件。

经过前阶段产能时有减少、时有增加的变动后，进入"十一五"规划时期，2006年的报告中重点提出了"推进部分产能过剩行业调整""合理利用和消化一些已经形成的生产能力"。在此基础上，国务院出台了相关通知："钢铁、电解铝、电石、铁合金、焦炭、汽车等行业产能已经出现明显过剩；水泥、煤炭、电力、纺织等行业也具有潜在的产能过剩问题。"② 自此之后，"去产能"等相关表述稳定出现在历年的政府工作报告中。

2010年，在稳定的"去产能"政策基础上进入新的周期，同时2010年也是"十一五"规划收尾和"十二五"规划即将展开的转折点。除了政府工作报告中继续提出"加快淘汰落后产能"外，国务院另外下发了"关于进一步加强淘汰落后产能工作的通知"。③ 该通知中明确了重点行业淘汰落后产能的具体目标任务，主要涉及的行业有电力行业、煤炭行业、铁合金行业、电石行业、钢铁行业、有色金属行业、建材行业、轻工业、纺织行业等。

---

① 详见《中共中央、国务院关于切实做好国有企业下岗职工基本生活保障和再就业工作的通知》，2018年3月16日，http://cpc.people.com.cn/GB/64162/71380/71382/71481/4854303.html。

② 详见《国务院关于加快推进产能过剩行业结构调整的通知》(国发〔2006〕11号)，2018年3月16日，http://www.gov.cn/zhengce/content/2008-03/28/content_1996.htm。

③ 详见《国务院关于进一步加强淘汰落后产能工作的通知》(国发〔2010〕7号)，2018年3月16日，http://www.gov.cn/zwgk/2010-04/06/content_1573880.htm。

自 2011 年开始，去产能政策步入了快车道，对重点行业过剩产能和落后产能的淘汰力度逐渐加大。2011 年淘汰落后的水泥产能 1.5 亿吨、炼铁产能 3122 万吨、焦炭产能 1925 万吨。2013 年，政府报告中指出，过去五年累计共淘汰落后炼铁、炼钢和水泥产能分别达到 1.17 亿吨、7800 万吨和 7.75 亿吨。此外，国务院进一步出台"关于化解产能严重过剩矛盾的指导意见"，对化解过剩产能任务进一步细分，如要求压缩钢铁产能总量 8000 万吨以上。[①] 2014 年政府工作报告中明确提出淘汰落后产能任务，如淘汰钢铁 2700 万吨、水泥 4200 万吨、平板玻璃 3500 万标准箱。在此基础上，工业和信息化部进一步下达 2014 年淘汰落后产能任务，钢铁行业淘汰任务超 170 万吨，水泥行业超 850 万吨，超额完成《政府工作报告》下达的目标。[②] 该年去产能任务如期完成。

2016 年是"十三五"规划的开端之年，去产能任务伴随着"供给侧结构性改革"政策得到更进一步的重视。其中，钢铁和煤炭等困难行业是重点对象，全年退出钢铁产能 6500 万吨、煤炭产能超过 2.9 亿吨。2017 年去产能持续推进，确立"再压减钢铁产能 5000 万吨左右，退出煤炭产能 1.5 亿吨以上，淘汰、停建、缓建煤电产能 5000 万千瓦以上"的年度目标。此外，工信部等 16 个部门联合发布指导意见，将去产能重点扩大到水泥、电解铝、平板玻璃等行业。

（二）国家五年规划（计划）纲要中关于去产能的政策演变

国民经济和社会发展五年规划（计划）是我党治国理政的重要方式，引领我国的经济社会发展，对我国创造出经济快速发展奇迹和社

---

① 详见《国务院关于化解产能严重过剩矛盾的指导意见》（国发〔2013〕41 号），2018 年 3 月 16 日，http://www.gov.cn/zwgk/2013-10/15/content_2507143.htm。
② 详见《工业和信息化部下达 2014 年淘汰落后产能任务》，2018 年 3 月 16 日，http://www.gov.cn/xinwen/2014-05/08/content_2674975.htm。

会长期稳定奇迹，发挥了卓有成效的作用。去产能作为一个宏观经济调控政策必然会伴随历次"五年规划（计划）"纲要相应地出现调整变化。因此，对我国"五年规划（计划）"纲要中关于"去产能"政策的相关内容表述进行比较分析，可以一探该政策的主要变化节点。

"七五"计划（1986—1990年）及之前，我国经济发展水平落后，生产能力水平低下，以计划经济为主，基本不涉及产能过剩问题。"八五"计划时期（1991—1995年），经过前期的改革开放起步阶段过渡到改革开放加速推进阶段，确立了社会主义市场经济目标，国民生产总值平均年增长达到12%，是新中国成立以来经济增长速度最快、波动最小的时期。[①] 由此可见，在"八五"计划及此之前，我国经济发展均以有计划地生产和提高生产力为主，即发展社会主义生产力是主题。

"九五"计划时期（1996—2000年），我国面临着复杂的经济环境，亚洲金融危机对我国的外贸出口造成冲击，国内开始出现产能过剩、有效需求不足的问题。在"九五"计划报告中仍是以改善产业结构，增加产量和有效提高供给能力为主，但也初步提及淘汰落后产能，比如对于钢铁行业的"加快淘汰化铁炼钢、平炉炼钢、横列式轧机等落后工艺设备"，[②] 而对于有色金属工业和化学工业等都是以改造扩建为主，提倡扩大生产能力。总的看来，"九五"计划中关于淘汰落后产能的相关表述开始出现，但是明确的表述仍然较少。

"十五"计划时期（2001—2005年），市场开始发挥资源配置的基

---

① 详见《中华人民共和国国民经济和社会发展第七个五年计划》，2018年3月16日，http://cpc.people.com.cn/GB/64184/64186/66679/4493897.html。《第八个五年计划》，2018年3月16日，http://dangshi.people.com.cn/GB/151935/204121/205065/12925910.html。

② 详见《中华人民共和国国民经济和社会发展"九五"计划和二〇一〇年远景目标纲要》，2018年3月16日，http://cpc.people.com.cn/GB/64184/64186/66686/4494253.html。

础性作用，按发展社会主义市场经济的需要，确立以经济结构的战略性调整为主线。纲要中明确提出"综合运用经济、法律和必要的行政手段，关闭产品质量低劣的厂矿，淘汰落后设备、技术和工艺，压缩部分行业过剩和落后的生产能力"的目标。① 由此可以看出，淘汰落后产能范围进一步扩大，即相关表述由"九五"计划时期主要针对的钢铁行业，进一步扩大到"部分行业过剩和落后的生产能力"。

"十一五"规划时期（2006—2010年），我国经济总量跃升为世界第二，进入全面建设小康社会的关键时期。同时，该时期也存在着需要解决的诸多问题，如部分行业盲目扩张、产能过剩，经济增长方式转变缓慢，能源资源消耗过大，环境污染加剧等。纲要中提出一系列解决产能过剩、能源消耗大和环境污染严重问题的相关政策："调整改造重组中小煤矿，依法关闭不具备安全生产条件、破坏资源和环境的煤矿""加快淘汰落后的小火电机组""着力解决产能过剩问题，严格控制新增钢铁生产能力，加速淘汰落后工艺、装备和产品""控制电解铝总量……控制铜铅锌冶炼建设规模""优先发展基础化工原料，积极发展精细化工，淘汰高污染化工企业""淘汰落后草浆生产线"。② 由此可以看出，相比于"十五"计划中较模糊地提到"压缩部分行业过剩和落后的生产能力"，"十一五"规划中明确地指出了具体行业，如严格控制新增钢铁生产能力、淘汰落后草浆生产线、控制电解铝总量、控制铜铅锌冶炼建设规模等。

"十二五"规划时期（2011—2015年），党的十八大胜利召开，经济发展进入新时代，也是深化改革开放、加快转变经济发展方式的攻坚时期。工业化在此期间的主题是依靠科技创新推动产业转型升级，

---

① 详见《国民经济和社会发展第十个五年计划纲要》，2018年3月16日，http://theory.people.com.cn/GB/40557/54239/54243/3783806.html。

② 详见《中华人民共和国国民经济和社会发展第十一个五年规划纲要》，2018年3月16日，http://theory.people.com.cn/GB/41179/41232/4210880.html。

提高产业核心竞争力，因此纲要中指出要提升制造业，"淘汰落后产能，发展先进装备制造业……促进制造业由大变强"[①]。纲要中也提出要"推进重点产业结构调整"，包括对装备制造业、船舶行业、汽车行业、冶金和建材行业、石化行业、轻纺行业、包装行业、电子信息行业、建筑业等都有较明确的说明。同时，纲要也强调对以上这些行业要"加大淘汰落后产能力度，压缩和疏导过剩产能"。基于此可以得知，相比于"十一五"规划中已经比较明确指出的行业，"十二五"规划中具体指出的行业范围进一步扩大，去产能的力度也进一步加大。

"十三五"规划时期（2016—2020年）是全面建成小康社会决胜阶段。纲要的"第五篇优化现代产业体系"中指出"推进供给侧结构性改革，培育壮大新兴产业，改造提升传统产业"。推进供给侧结构性改革是"十三五"规划时期的重要政策，而"去产能"是"供给侧结构性改革"中的主要任务。相比于之前几个五年规划（计划）纲要，"十三五"规划中用整一小节的内容提出"积极稳妥化解产能过剩"。具体表述如下：

> 综合运用市场机制、经济手段、法治办法和必要的行政手段，加大政策引导力度，实现市场出清。建立以工艺、技术、能耗、环保、质量、安全等为约束条件的推进机制，强化行业规范和准入管理，坚决淘汰落后产能。设立工业企业结构调整专项奖补资金，通过兼并重组、债务重组、破产清算、盘活资产，加快钢铁、煤炭等行业过剩产能退出，分类有序、积极稳妥处置退出企业，妥善做好人员安置等工作。[②]

[①] 详见《中华人民共和国国民经济和社会发展第十二个五年规划纲要》，2018年3月16日，http://theory.people.com.cn/GB/14163131.html。
[②] 详见《十三五规划纲要》，2018年3月16日，http://www.sh.xinhuanet.com/2016-03/18/c_135200400_2.htm。

由此可见,"去产能"受到了前所未有的重视。

二 去产能影响行业的变化梳理[①]

(一)国务院政府工作报告中去产能影响行业梳理

国务院政府工作报告作为我国经济社会发展的重要指导性文件,其内容涉及我国经济社会发展的方方面面,为当年的产业发展制定方针目标。通过查阅历年国务院政府工作报告,有利于进一步明确各年"去产能"政策所针对的具体行业(见表3-1)。

表3-1 国务院政府工作报告去产能行业总结

年份	涉及行业/产业	备注
1996	能源、交通运输、邮电、有色金属、水泥、化工原料、支农产品、船舶和电子信息	增长
	钢铁、轻纺工业	结构调整,增长
	机械、电子、石油化工、汽车和建筑	振兴支柱产业
1997	—	压缩调整过剩产能
	纺织、煤炭、机械、森工和军工	国家扶持,解决困难
1998	纺织、煤炭、石油和石化、冶金	行业调整改组
1999	纺织、煤炭、冶金、石化、建材、机电、轻工	压缩过剩产能
2000	—	淘汰落后产能
2001	能源、冶金、化工、轻纺、机械、汽车、建材及建筑	技术改造
	纺织、冶金、煤炭等	淘汰落后产能
2002	纺织、冶金、煤炭等	淘汰落后产能
	石化、建材、机械、医药、制糖、烟草	压缩过剩和落后产能
2003	钢铁、汽车、建材	规划调整

① 资料来源:2019年5月10日,中央政府门户网站(http://www.gov.cn)。

续表

年份	涉及行业/产业	备注
2004	煤炭、电力、油品	增加生产
2005	能源、重要原材料等基础产业	优化升级，加强建设
	高耗能、高污染和不符合安全生产条件行业	淘汰落后产能
2006	钢铁、煤炭、水泥等11个行业	产能过剩结构调整
	煤炭、电解铝	淘汰落后产能
2007	炼铁、炼钢、水泥、电解铝、铁合金、焦炭、电石等	淘汰落后产能
2008	电力、钢铁、水泥、煤炭、造纸	淘汰落后产能
2009	汽车、钢铁、造船、石化、轻工、纺织、有色金属、装备制造、电子信息、现代物流	调整结构和升级
	炼钢、炼铁、水泥、焦炭	淘汰落后产能
2010	汽车、钢铁、造船、石化、轻工、纺织、有色金属、装备制造、电子信息、现代物流	技术改造、兼并重组、淘汰落后产能
2011	水泥、炼铁、焦炭	淘汰落后和过剩产能
2012	汽车、钢铁、造船、水泥	控制增量，优化存量
	工业、交通、建筑、公共机构、居民生活等重点领域和千家重点耗能企业	节能减排、淘汰落后产能
2013	部分行业（钢铁、水泥、电解铝、平板玻璃、船舶）	化解产能过剩
2014	钢铁、水泥、平板玻璃等15个行业	淘汰落后和过剩产能
2015	钢铁、水泥、平板玻璃、电解铝等	化解过剩产能
2016	重点抓好钢铁、煤炭等困难行业	去产能
2017	钢铁、煤炭、水泥、电解铝、平板玻璃等	去产能
2018	钢铁、煤炭等	化解过剩产能、淘汰落后产能
2019	钢铁、煤炭等	巩固"三去一降一补"成果

注：1997年和2000年报告中未指出具体行业。历年国务院政府工作报告中去产能涉及行业的详细摘编请见附录A。

(二)国家五年规划(计划)纲要中去产能影响行业梳理[①]

1. "九五"计划纲要(1996—2000年)

"九五"计划纲要在回顾"八五"计划完成情况的内容中指出,主要工农业产品产量稳步增长。原煤、原油、钢、10种有色金属、化肥、汽车等都稳步增长。指导方针中提出需要突出抓好石化、汽车、钢铁、火电、机械、电子等行业存量资产的优化重组和投资结构调整,实现规模经营。该纲要在目标中提出产业结构进一步改善,有效供给能力增强,并制订了到2000年原煤、原油、化肥和钢等产业的增长量计划。

该纲要提出在原材料工业方面要切实转换增长方式,如加快淘汰化铁炼钢、平炉炼钢、横列式轧机等落后工艺设备、扩大有色金属生产能力;发展煤化工、天然气化工、支农化工和精细化工,抓好基本化工的技术改造;加快发展原油、成品油储运设施,逐步发展成品油管道运输。

2. "十五"计划纲要(2001—2005年)

"十五"计划纲要在回顾"九五"计划完成情况时指出,淘汰落后和压缩过剩工业生产能力取得成效。该纲要目标中提到,在能源、冶金、化工、轻纺、机械、汽车、建材及建筑等行业,支持一批重点企业技术改造,提高工艺和装备水平。提到需要关闭一些产品质量低劣且不具备安全生产条件的厂矿,淘汰落后设备、技术和工艺,压缩部分行业过剩和落后的生产能力。

3. "十一五"规划纲要(2006—2010年)

"十一五"规划纲要总结了"十五"时期在快速发展中又出现的"产能过剩"等突出问题。该纲要在下一步发展目标中围绕解决产能过剩

[①] 资料来源:2018年3月16日,中央政府门户网站(http://www.gov.cn)。

问题的措施主要有：调整改造重组中小煤矿，关闭部分不符合条件的煤矿；着力解决产能过剩问题，严格控制新增钢铁生产能力、电解铝总量，淘汰立窑等落后生产能力，淘汰落后草浆生产线，发展先进装备、精品钢材、石化、汽车、船舶和农副产品深加工基地；支持山西、河南、安徽加强大型煤炭基地建设；加快钢铁、化工、有色、建材等优势产业的结构调整。

4."十二五"规划纲要（2011—2015年）

该五年规划纲要的第九章改造提升制造业中涉及"去产能"等相关表述。总体来看，"十二五"规划更注重转型升级，其中对制造业既要优化结构也要淘汰落后产能。而汽车、钢铁、水泥、机械制造、电解铝、稀土、电子信息、医药等行业需要进行兼并重组。当然，在重点产业结构调整方面，加大淘汰落后产能力度，压缩和疏导过剩产能也是主要的目标之一。

5."十三五"规划纲要（2016—2020年）

在"十三五"规划纲要中用了整整一小节表述"去产能"的相关目标要求，"去产能"的重要性进一步加强，而钢铁、煤炭等行业是该时期去产能的重点对象。另外，分类有序、积极稳妥处置退出企业，妥善做好人员安置等也是去产能的重点工作。

（三）去产能影响行业的界定及分类

通过对历年国务院政府工作报告和国家"五年规划（计划）"纲要的梳理发现，历年去产能相关政策涉及的主要行业范围如下：钢铁、电解铝、有色金属、稀土、铁合金、电石、焦炭、汽车、水泥、平板玻璃、煤炭、电力、石化、纺织、造纸、制革、铅蓄电池（极板及组装）、造船、烟草、制糖等。以上行业在历年政策文件中均有提到或频繁出现，本书将以上去产能涉及的范围较广的行业界定为宽口径行业。

另外,在历年去产能政策调整中出现频率较高的重点行业有:钢铁、煤炭、水泥、电解铝、平板玻璃。其中"钢铁、煤炭"两个行业是"十三五"规划中去产能的重中之重,而最新的2017年工信部等16个部门联合发布指导意见中将去产能重点又扩大到"水泥、电解铝、平板玻璃"。[①] 所以,上述几个行业不仅是历年去产能政策的重点行业,也是"供给侧结构性改革"提出后的去产能政策所针对的重点行业。本书将该类去产能重点影响行业界定为窄口径行业。

本书所研究的主要对象也是窄口径行业中的劳动者就业情况。一方面因为窄口径行业是历年去产能相关政策中出现频率较高的行业,可以进行纵深分析长期以来的效应;另一方面,窄口径行业是目前"供给侧结构性改革"中去产能政策针对的重点行业,以此为主要研究对象可以为"供给侧结构性改革"更好地施行提供参考。

三 本章小结

从历次国家"五年规划(计划)"纲要来看,去产能政策始于"九五"计划。在此之后,涉及的行业范围不断扩大,对重点行业的要求也越来越明确,去产能政策不断得到加强和完善。直至"十三五"规划时期供给侧结构性改革的提出,去产能政策被重视的程度达到最高。具体情况如下。

"九五"计划以前是以提高生产能力为主,在回顾上个五年计划时都是考虑生产能力的增加;"九五"计划纲要里的目标仍然是以改善产业结构,有效提高供给能力为主,但开始提及淘汰落后的钢铁行业工艺,如报告中指出"加快淘汰化铁炼钢、平炉炼钢、横列式轧机等

---

① 资料来源:《破茧重生迎难而上——从首季去产能看中国经济新气质之三》,2018年3月16日,中华人民共和国中央人民政府网(http://www.gov.cn/zhengce/2017-04/19/content_5187395.htm#1)。

落后工艺设备"。由此可见,淘汰落后产能开始崭露头角。"十五"计划纲要中明确提出"综合运用经济、法律和必要的行政手段,关闭产品质量低劣、浪费资源、污染严重、不具备安全生产条件的厂矿,淘汰落后设备、技术和工艺,压缩部分行业过剩和落后的生产能力"的目标。至此,"淘汰落后产能、压缩过剩产能"政策开始正式登上舞台。"十一五"规划指出目前存在产能过剩的问题,要继续淘汰落后产能和过剩产能,如严格控制新增钢铁生产能力、淘汰落后草浆生产线、控制电解铝总量、控制铜铅锌冶炼建设规模等。"十二五"规划仍然以"加大淘汰落后产能力度,压缩和疏导过剩产能"为主要任务。经过了之前历次"五年规划(计划)"以产业升级为主的目标,"十三五"时期过渡到以"去产能"为主,规划纲要中用整一小节的篇幅强调"积极稳妥化解过剩产能",与此同时继续"淘汰落后产能"。去产能的对象主要面向"钢铁、煤炭"行业。

从历年国务院政府工作报告看,1997年是去产能开始的节点,在此之前我国的产能政策以增加产量为主,偶有一些淘汰落后工艺的政策目标,但并不是重点。随着经济的发展,国务院政府工作报告中的"去产能"也伴随历次"五年规划(计划)"纲要发展变化,推进力度逐渐加强。

通过对去产能历年影响行业的梳理发现,钢铁、煤炭、水泥、电解铝、平板玻璃五大行业,在历次去产能政策涉及的行业中出现的频率最高,尤其是最近几年,这五大行业更是政策重点。供给侧结构性改革提出后,这五类行业也是"去产能"首当其冲的行业,因此本书将其作为研究考量的主要对象。

第4章 去产能重点影响行业相关情况变化的宏观数据分析

一 重点影响行业产量及产量增长率变化情况

根据前文对历年政策文件梳理后确定的去产能五个重点行业（钢铁、煤炭、水泥、电解铝、平板玻璃）[①]，运用国家宏观统计数据，分析产量和产量增长率的变化，更加清晰地展示五大重点行业产量随着政策演变而变化的情况。

（一）历年产量变化情况

通过对五个重点行业的产量变化情况进行统计分析，了解其不同年份在政策影响下的生产情况，分析其长期的变动趋势（见表4-1）。

表 4-1　　　　　　　　　去产能重点影响行业产量

年份	粗钢产量（万吨）	生铁产量（万吨）	水泥产量（万吨）	原铝（电解铝）产量（万吨）	平板玻璃产量（万重量箱）	原煤产量（万吨）
2000	12850	13101	59700	299	18352	138400
2001	15163	15554	66104	358	20964	147200
2002	18237	17085	72500	451	23446	155000
2003	22234	21367	86208	587	27703	183500
2004	28291	26831	96682	669	37026	212300
2005	35324	34375	106885	779	40210	236500

---

① 文中在进行数据分析时，将钢铁行业拆为粗钢和生铁两类分别进行统计分析，但在表述时还是合并用钢铁行业代指。

续表

年份	粗钢产量（万吨）	生铁产量（万吨）	水泥产量（万吨）	原铝（电解铝）产量（万吨）	平板玻璃产量（万重量箱）	原煤产量（万吨）
2006	41914	41245	123676	927	46575	257000
2007	48929	47652	136117	1234	53918	276000
2008	50306	47824	142356	1317	59890	290300
2009	57218	55283	164398	1289	58574	311500
2010	63723	59733	188191	1577	66331	342800
2011	68528	64051	209926	1961	79108	376400
2012	72388	66354	220984	2314	75051	394500
2013	81314	71150	241924	2544	79286	397400
2014	82231	71375	249207	2886	83128	387400
2015	80383	69141	235919	3141	78652	374700
2016	80761	70227	241030	3265	80408	341100
2017	87074	71362	233084	3329	83766	352400
2018	92801	77105	220771	3580	86864	368300
2019	99634	—	235000	3504	—	385000

注：表格中数据下划线表示产量由高转低的转折点。数据来源为中国统计年鉴、部分省统计年鉴、中国有色金属工业年鉴、国家统计局进度数据库等。由于钢产量统计年份有缺失，故采用和钢产量较为接近的粗钢产量数据。采用原铝代替电解铝、原煤产量代替煤炭产量统计数据也是如此（除2001、2002年原铝与电解铝统计数据相差较大外，其余年份统计数据接近）。表内数据都经四舍五入取整处理。

从历年产量情况看，可得出如下结论：第一，五个重点行业的产量总体情况是呈逐年递增趋势，这与我国总体生产能力不断提高的情况是相符的。第二，五个重点行业的产量几乎均在2014年后（即2015年）出现下降趋势，这是否与去产能政策相关还需要进一步分析。第三，原铝和平板玻璃在2009年出现了产量相比上一年减少的现象，这可能是由于受金融危机的影响。同时，平板玻璃的产量在2011年后，即"十二五"之初，也出现产量降低、同比增长率由正增长转为负增长的现象。第四，"十三五"时期，除水泥产量在2016年之后仍出现下降的趋势之外，粗钢、生铁、原铝、平板玻璃、原煤等去产能重点影响行业的产量都呈逐年递增趋势。

（二）历年产量增长率变化情况

1. 粗钢产量增长率变化情况

从新中国成立以来的粗钢产量增长率变化曲线来看，自1978年出现较高的33.87%增长率后，粗钢的年增长率进入相对低水平的平稳增长阶段，即1978—2000年间，年增长率水平均低于20%。2000年后，粗钢增长率水平开始逐步提高，至2004年达到27.24%较高的增长率，此后增长率水平逐年下降。至2015年，增长率水平降为-2.25%（见图4-1）。

图4-1 粗钢产量和增长率变化

注：数据来源为中国统计年鉴、部分省统计年鉴、中国有色金属工业年鉴、国家统计局进度数据库等，其中1998年以前工业产品产量数据以中国经济与社会发展数据库为主（国家统计局年度数据中1998年之前该类数据缺失较多）。因部分年份数据在后期进行了调整，存在近年与早年发布的数据存在差异的现象，故本章节1998年之后的数据以2020年3月份在国家统计局网站查询的数据为准。产量用虚线表示，产量增长率用实线表示。下文同。

在1978年前，粗钢生产有几个增长率由高转低的转折点，如1959年增长率水平为73.38%，1969年增长率水平为47.46%。改革开放后相比于之前，粗钢产量的整体增长率水平变化较小，但进一步观察 2004 年之后的增长率水平变化，可以发现另外几个增长率由高转低的变化点。2004 年后，粗钢产量增长率水平整体呈逐渐下降趋势，其中 2008 年异常的较低增长率可能是由于国际金融危机的影响。如果忽略 2008 年，则粗钢产量的增长率从 2004 年开始一直呈下降状态，2004 年是一个主要的增长率水平由高转低的转折点。另外，2013 年其增长率达到 12.33%，有小幅度回升，但在此之后增长率转为下降，形成一个增长率由高转低的小转折点。2015 年，粗钢增长率进一步降低为负值。近几年虽增长率有所上升，但基本维持在 7% 左右，与之前较高增长率年份的水平仍有差距，依然处于 2004 年后的下行区间。

2. 生铁产量增长率变化情况

生铁产量增长率的变化大体可以分为两个阶段。具体如下：

第一阶段是在 1978 年以前，生铁的增长率变化幅度较大。有增长率很高的年份，如 1950 年 292%、1958 年 130.47%、1969 年 49.36% 和 1978 年 38.88% 等几个增长率由高转低的增长点。同时也有一些是较大负增长率的年份，如 1961 年 -52.84%、1967 年 -50.30%。这些年份构成了生铁产量增长率在改革开放前呈现较大幅度波动的特征。

第二阶段是在 1978 年后，生铁的增长率变化较为平缓。这一阶段生铁产量增长率变化幅度明显小于前一阶段，增长率变化总体呈平稳态势，最高的增长率年份也未达 30%，而负增长率最低也只有 -10% 左右。具体变化情况如下：生铁产量的增长率在 2005 年、2009 年和 2013 年出现增长的转折点，增长率由高转低。生铁产量的增长率在 2005 年达到这一阶段内最高的 28.12%，此后逐渐呈下降趋势。2009 年增长率达到 15.60%，之后每年产量虽然保持正增长，但增长率均小于 10%，增速呈放缓态势。相对而言，2013 年 7.23% 的增长率是另一个由高转低的转折点。继 1981 年出现负增长率 -10.13% 后，这一阶段生铁产量直至 2015 年才出现另一个负增长率，-3.13%。另外，在 2008 年金融危机时期，虽然生铁的增长率在该年处于增长率的底谷，但其增长率仍然保持为正的 0.36%（见图 4-2）。

图 4-2 生铁产量和增长率变化

注：数据来源为中国统计年鉴、部分省统计年鉴、中国有色金属工业年鉴、国家统计局进度数据库等，具体年份数据来源同图 4-1。

3. 水泥产量增长率变化情况

20 世纪 80 年代以前，水泥产量的增长率变化波动较大。1950 年增长率高达 113.64%，这与当时新中国刚刚成立百废待兴的特殊背景有关。1956 年、1964 年和 1969 年产量增长率都在 40% 以上。除此之外，还有 1961 年 -60.32%、1967 年 -27.44% 等较低的负增长率（见图 4-3）。

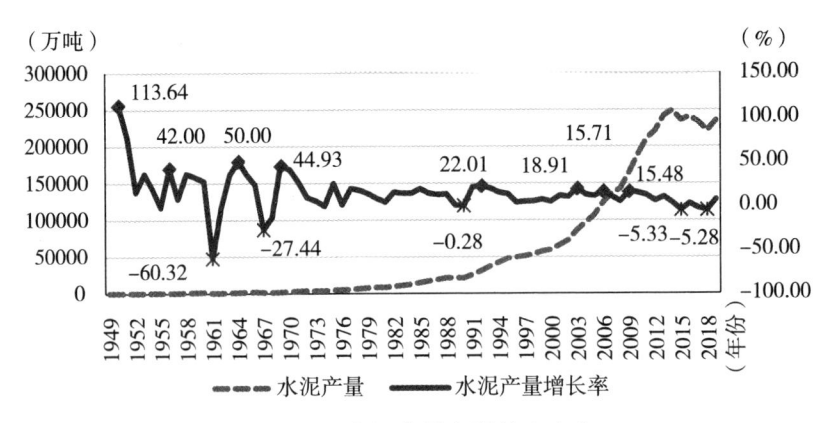

图 4-3 水泥产量和增长率变化

注：数据来源为中国统计年鉴、部分省统计年鉴、中国有色金属工业年鉴、国家统计局进度数据库等，具体年份数据来源同图 4-1。

改革开放后，水泥产量增长率整体变化相对平稳。20世纪90年代，水泥产量增长率维持在20%以下的水平，其中1992年增长率水平为22.01%，而1990年增长率水平为 –0.28%，是变化较大的年份。21世纪后，相比于之前年份水泥产量增长率波动较小，2003年、2006年和2009年相对而言是几个较为突出的增长率由高转低的转折点。其中，2003年增长率最高，达到18.91%，2006年的增长率也达到15.71%。水泥产量经过2008年较低增长率后，2009年产量增长率反弹，达到15.48%。"十二五"时期，水泥产量增长率逐年下降，只是2013年出现小的增长率回升，继而增长率放缓。"十三五"时期，水泥产量在多数年份为负增长率，如2015年增长率为 –5.33%、2018年增长率为 –5.28%。

4. 原煤产量增长率变化情况

原煤产量增长率在改革开放前变化幅度较大，既有1958年106.11%、1970年33.08%、1975年16.72%等较高的正增长率，又有诸如1961年 –30.01%、1967年 –18.25%等较低的负增长率。总体看来，原煤产量增长率曲线呈现频繁上下波动的特征（见图4-4）。

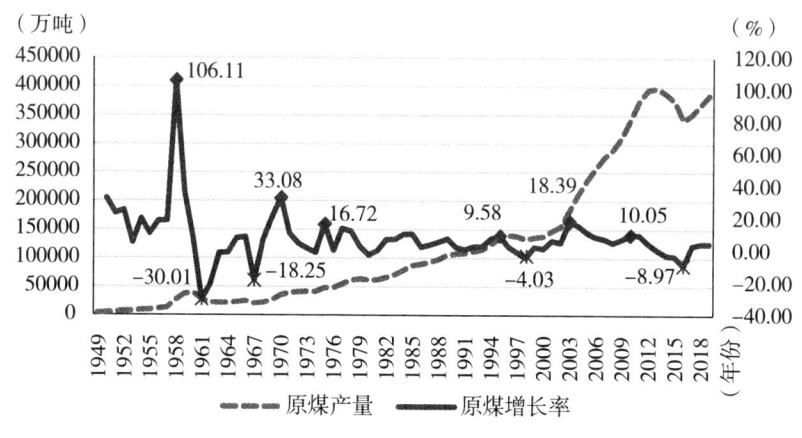

图4-4 原煤产量和增长率变化

注：数据来源为中国统计年鉴、部分省统计年鉴、中国有色金属工业年鉴、国家统计局进度数据库等，具体年份数据来源同图4-1。

改革开放后，原煤产量增长率波动幅度较小，正增长率均维持在20%以下，偶有几年较小的负增长率也均未超过-10%。从总体趋势看，原煤产量自2003年后呈下降趋势，2003年是改革开放后增长率由高转低的重要节点，其增长率达到18.39%，是改革开放后产量增长率变化最大的年份。此后，原煤产量增长率逐年下降至个位数，至2010年是另一个增长率由高转低的转折点，当年增长率重回两位数，达10.05%，此后，原煤产量增长率又呈逐年下降趋势。关于负增长率情况，除了1998年可能受金融危机的影响，原煤产量在该年出现了改革开放后较低的负增长率-4.03%，其余年份再次出现负增长率是在"十二五"末期。"十二五"末期原煤产量增长率连续两年为负，增长率水平与1998年相当，但至"十三五"第一年，即2016年原煤产量的增长率已下降到-8.97%，这应主要与去产能的政策效果相关。

5. 电解铝产量增长率变化情况

电解铝产量在1990年前统计数据不完全，能查到的较早数据是1978年的29.6万吨、1980年的39.6万吨和1985年的52.3万吨，可以看出该行业产量在此阶段总体呈逐年增长趋势。本书以1990年至2019年经整合后的电解铝产量统计数据为准，分析其增长率变化特征。

2000年之前，电解铝产量分别在1994年和1999年出现由高转低的增长率转折点。除了1996年电解铝产量出现较大幅度下滑，该年产量增长率降为5.67%，在2000年之前的其余年份产量增长率总体保持在15%左右，维持了平稳的增长。2000年后，电解铝产量增长率在2003年、2007年、2011年和2014年出现增长率由高转低的转折点。其中，2003年和2007年产量增长率是较高的两个年份，均在30%以上，分别为30.03%和33.18%。2009年可能受金融危机波及，电解铝产量首次出现负增长率-2.12%。但电解铝产量增长率在2010年和2011年出现快速反弹，增长率均达20%以上，其中2011年达到24.36%的相对较高增长率，此后呈逐年下降趋势。"十二五"时期的后三年中，除了2014年电解铝产量增长率达到13.44%，其余年份的增长率均在10%以下。"十三五"时期，电解铝产量多数年份仍维持在较低的增长率水平，且在2019年再次出现产量负增长（见图4-5）。

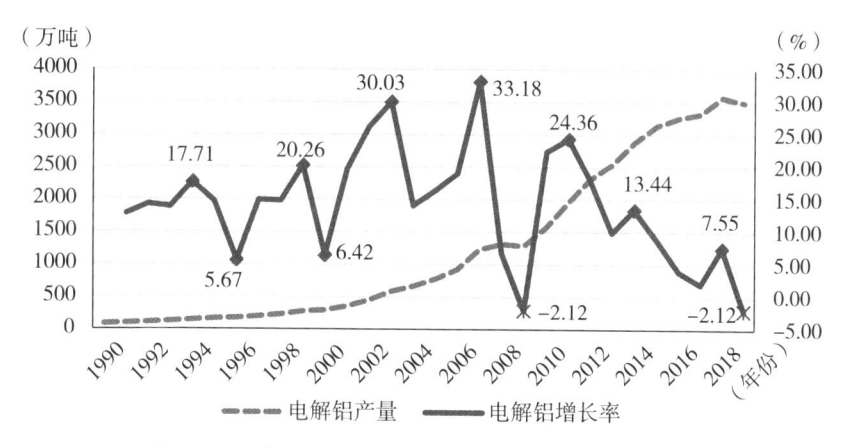

图4-5 电解铝（整合数据）产量和增长率变化

注：电解铝产量的统计在1998年前以"电解铝"为名目的统计数据较全，1998年之后以"原铝（电解铝）"作为名目的统计数据完整，且在有统计记录重合的年份中两类数据相差不大。为展示更多年份该行业产量和增长率的变化，本书将两类数据整合，1998年前以"电解铝"的统计数据为准，该数据主要来源于中国经济与社会发展数据库，1998年（含）后以原铝（电解铝）的统计数据为准，该数据来源于2020年3月份在国家统计局网站查询的数据。

6.平板玻璃产量增长率变化情况

从1949年至2015年间的平板玻璃产量增长率变化曲线来看，其增长率总体呈现波动幅度大、变化频率高的特点。在20世纪90年代之前，平板玻璃产量有以下几个较高的增长率年份，如1950年41.76%、1957年51.41%和1969年40.84%等均达到40%以上的高增长率；同时也存在1961年-48.32%和1967年-19.61%等较大的负增长率年份，平板玻璃产量较大的波动幅度可见一斑（见图4-6）。

从20世纪80年代开始，即实行改革开放政策后，平板玻璃产量变化幅度比上一阶段较平稳一些，但仍存在一些变化比较显著的年份。在1988年、1995年、2004年，平板玻璃产量都出现较高的正增

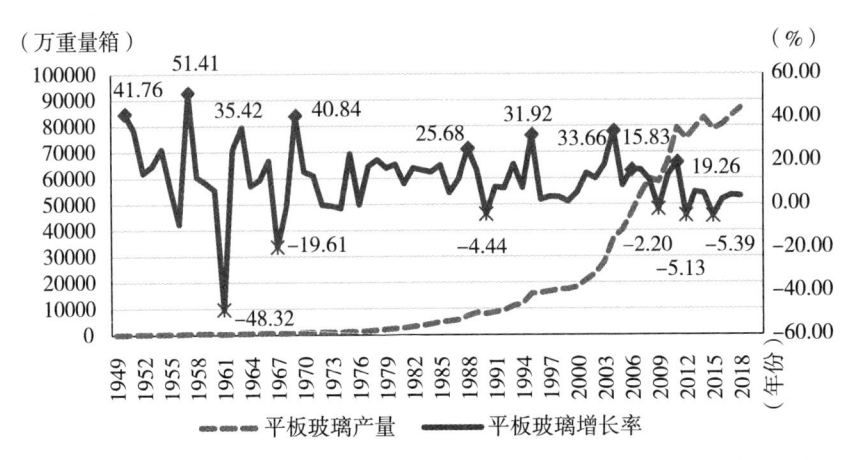

注：数据来源为中国统计年鉴、部分省统计年鉴、中国有色金属工业年鉴、国家统计局进度数据库等。具体年份数据来源同图4-1。

图4-6 平板玻璃产量和增长率变化

长率转折点，分别为25.68%、31.92%、33.66%。其中，2004年是此阶段最高的增长率，其后增长率整体呈现放缓趋势，但也有如2006年15.83%、2011年19.26%等相对较高的增长率年份。

1990年是该段期间平板玻璃产量出现的第一个负增长率年份，–4.44%。在金融危机出现后，2009年出现第二个负增长率–2.20%，此后平板玻璃产量增长率变化继续保持较大的波动幅度。进入"十二五"时期，2011年平板玻璃产量达到19.26%较高增长率，此后产量水平有较大幅度的下降，2012年出现负增长率–5.13%，2013年产量虽又重新反弹，但增长率低于之前一些增长率由高转低的年份，之后增长率呈逐年递减趋势。"十二五"收官之际，平板玻璃产量在2015年重新出现负增长率–5.39%，该年增长率水平是改革开放后的最低谷。"十三五"时期，平板玻璃产量虽有所起色，但均维持在5%以下较低的增长率水平。

（三）小结

根据窄口径行业（去产能重点影响行业）自2000年以来的总产

量和增长率变化情况的分析，可以发现：在总量方面，重点行业总产量是不断增加的，2015年开始出现总量下降的趋势；在增长率方面，通过对重点行业发生明显变化转折的年份进行归纳总结（在表4-2中对转折年份进行打钩标记），可以发现2003年、2009年、2013年和2015年为窄口径行业产量发生变化的几个主要转折点，去产能重点影响行业在这四个节点都出现增长率由高转低的变化。此外，在这些年份前后也都存在部分重点行业产量发生变化的转折点，考虑到政策效果的延后性和持续性，这也是合乎情理的现象。进一步根据产量转折变化点的情况看，2003年、2004年为五大重点行业产量增速较快时期，增长率在这时期由高转低后，后续年份的产量增长变化虽有波动，但总体的增长速度和变化幅度都要缓于2003年和2004年这个时期。当然2008年和2009年作为产量变化的主要转折点的原因应该更多是受国际金融危机的影响。

表4-2　　　　去产能重点影响行业产量增长率变化关键年份统计

	2003	2004	2005	2006	2007	2008	2009	2010	2011	2013	2014	2015	2016	2018	2019
粗钢		√				√				√		√			
生铁			√			√	√			√					
水泥	√			√							√		√		
原煤	√							√			√				
电解铝	√				√		√		√		√			√	√
平板玻璃			√		√		√		√	√					
合计	3	2	1	2	1	2	4	1	2	3	4	1	1	2	1

二 重点影响行业产量分地区变化情况

根据国家权威部门发布的宏观统计数据，本部分从长期和短期两个尺度对五大重点行业产量的地区分布情况进行分析，初步展示去产能政策可能影响的重点地区并基于此判断不同省份受影响的差异程度，为后续研究做好铺垫。

（一）重点影响行业在各省的产量变化情况

本部分选取2000—2015年期间的钢铁、水泥、煤炭、电解铝和平板玻璃五大去产能重点影响行业的分地区产量进行统计分析，展示按地区分类的重点行业产量在一个较长时期内的生产变化情况（见表4-3）。

表4-3　　去产能重点影响行业产量地区分布

	粗钢产量（万吨）	生铁产量（万吨）	水泥产量（万吨）	原煤产量（万吨）	原铝（电解铝）产量（万吨）	平板玻璃产量（万重量箱）
	2000—2015	2000—2015	2000—2015	2000—2015	2004—2013	2000　2015
北京	7917	7607	15207	10785	0	3747
天津	23486	20385	10113	3333	8	15942
河北	172925	163446	148986	121855	18	136106
山西	38474	49527	47767	1021198	841	17343
内蒙古	17789	17019	55287	834634	1232	15266
辽宁	64390	64371	62798	89599	177	30176
吉林	11271	10223	40428	52589	15	7858
黑龙江	6385	5590	36361	111621	5	7897
上海	30640	26027	10216	46520	1	6985
江苏	80516	61476	193778	38478	84	79920
浙江	13788	8419	152123	485	105	45702
安徽	24494	22312	105682	164472	0	18416

续表

	粗钢产量（万吨）	生铁产量（万吨）	水泥产量（万吨）	原煤产量（万吨）	原铝（电解铝）产量（万吨）	平板玻璃产量（万重量箱）
	2000—2015	2000—2015	2000—2015	2000—2015	2004—2013	2000—2015
福建	12947	8753	73186	24835	94	36896
江西	21555	19317	83005	36236	1	8477
山东	<u>64906</u>	<u>67397</u>	<u>211960</u>	<u>211777</u>	<u>1491</u>	<u>84931</u>
河南	28663	25822	<u>158143</u>	256776	<u>2982</u>	40932
湖北	32650	27717	106340	13648	305	<u>61675</u>
湖南	19770	19095	105227	81348	223	21182
广东	16414	11173	<u>157198</u>	2895	0	<u>79574</u>
广西	14360	11823	91645	10127	470	7150
海南	102	64	15831	40	0	785
重庆	6705	5429	57341	42941	156	8135
四川	21778	21043	131303	106619	503	41621
贵州	5407	5381	58288	161844	748	2625
云南	14006	16832	74768	96267	643	8461
西藏	0	0	3012	13	0	0
陕西	7766	7165	67973	<u>408016</u>	251	17442
甘肃	9136	8586	35987	59483	<u>1029</u>	7194
青海	1543	1105	12050	17791	<u>1248</u>	3236
宁夏	593	943	15930	77285	817	511
新疆	9398	9815	37744	124472	407	4338

注：表中各列加下划线的数字表示该行业产量排名前五多的地区。数据来源为中国统计年鉴、部分省统计年鉴、中国有色金属工业年鉴、国家统计局进度数据库等。表中数据是根据历年分地区产量数据加总计算而得，结果经过四舍五入取整处理。表中部分排名靠后的省份行业在一些年份无公布数据，因主要考虑产量排名处于前列的省份，故该类数据缺失对排名结果影响不大，本处忽略不计。原铝（电解铝）产量由于2004年前和2013年后数据统计缺失较多，故此处数据的计算周期为2004—2013年。

1. 粗钢产量分地区情况

从总生产量看，在2000—2015年间，河北、江苏、辽宁、山东、山西的粗钢产量处于前列,其中,河北的粗钢生产能力远远高于其他省份,在此统计期间其产量达到17万吨以上。从"十二五"时期(2011—2015年)分地区产量情况看,河北、江苏、山东三个省份是粗钢产量大省,该时期总产量分别达到90498万吨、44821万吨和32802万吨。可以看出,这三个地区在"十二五"时期生产势头仍然较强,产量占2000—2015年期间的一半以上(见图4-7)。

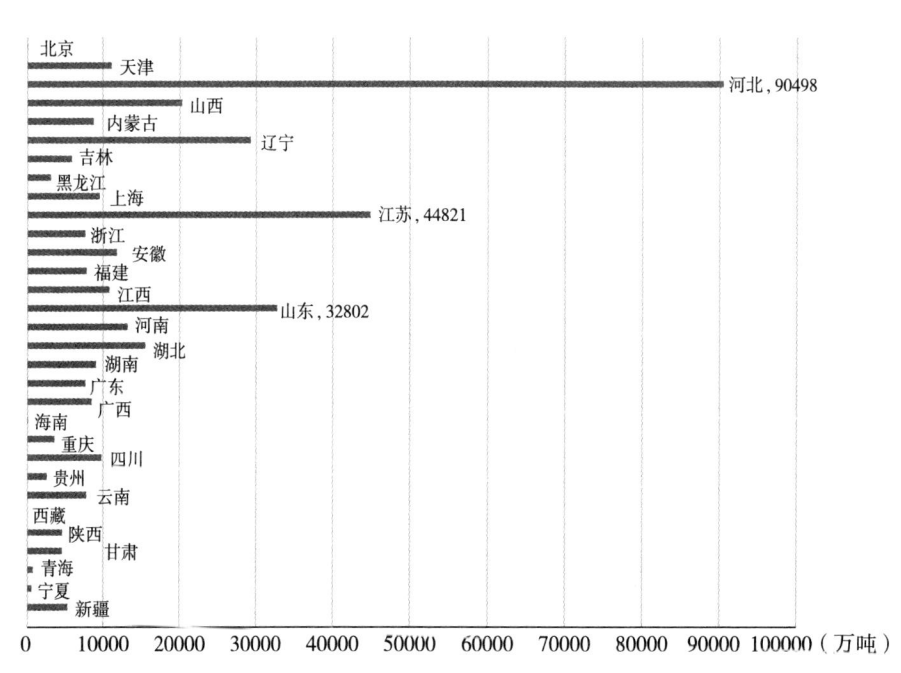

图4-7 粗钢产量分地区情况(2011—2015年)

注:数据来源和数据处理与表格4-3相同。

2. 生铁产量分地区情况

从总生产量看,2000—2015年间,河北、山东、辽宁、江苏、山西的生铁累计产量处于前列。河北的生铁生产能力也远远高于其他几个强省,是在此统计期间内产量唯一超过10万吨的省份。从"十二五"

时期（2011—2015年）看，河北、江苏、山东三个省份的生产量依然强劲，总产量分别达到83150万吨、34065万吨和33476万吨，约占2000—2015年总产量的一半（见图4-8）。

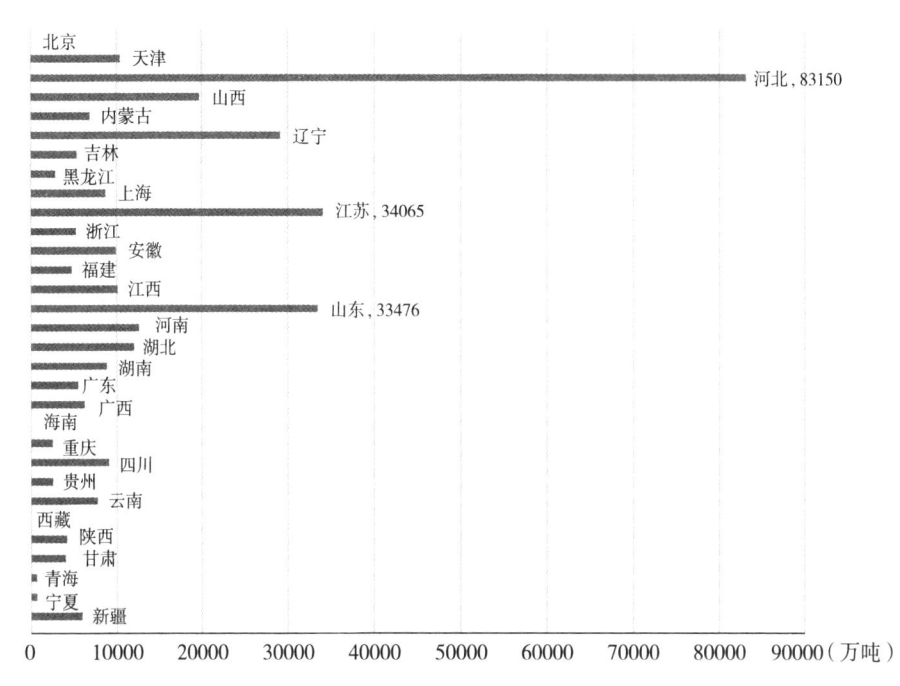

图 4-8 生铁产量分地区情况（2011—2015年）

注：数据来源和数据处理与表格4-3相同。

3.水泥产量分地区情况

从总生产量看，2000—2015年间，山东、江苏、河南、广东、浙江的水泥生产累计量在各省中处于前列。其中，山东和江苏的水泥产量属于第一梯队，达到20万吨左右的产量水平。从"十二五"时期（2011—2015年）水泥的生产总量看，江苏、河南和山东三个省份仍居于水泥产量前列，总产量分别为87777万吨、78933万吨和78548万吨（见图4-9）。

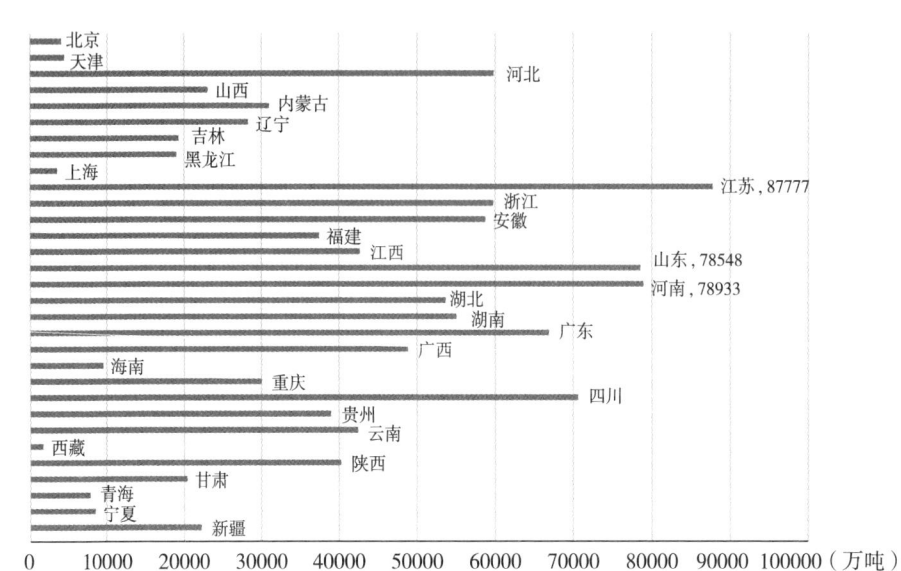

图 4-9 水泥产量分地区情况（2011—2015 年）

注：数据来源和数据处理与表格 4-3 相同。

4.原煤产量分地区情况

从总生产量看，2000—2015 年间，山西、内蒙古、陕西、河南、山东的原煤生产量处于前列。其中山西省是原煤的主要生产省份，在此期间总产量达到 100 万吨以上，远高于其他几个产量居于前列的省份。根据各省在不同年份产量变动的趋势看，绝大多数省份从 2013 年左右开始出现产量的减少，这与前文总产量增长率在"十二五"末期为负值的情况相符。从"十二五"时期（2011—2015 年）原煤生产总量看（见图 4-10），内蒙古、山西、陕西三个省份是原煤产量大省，仍占据前三强位置，总产量分别达到 494447 万吨、460202 万吨、243975 万吨，其中内蒙古和陕西该期间的总产量占 2000—2015 年期间总产量的一半以上，生产势头仍很强劲，而山西在该期间的原煤总产量占 2000—2015 年期间的总产量不足 50%，生产势头与另外两个省份相比有所减缓。

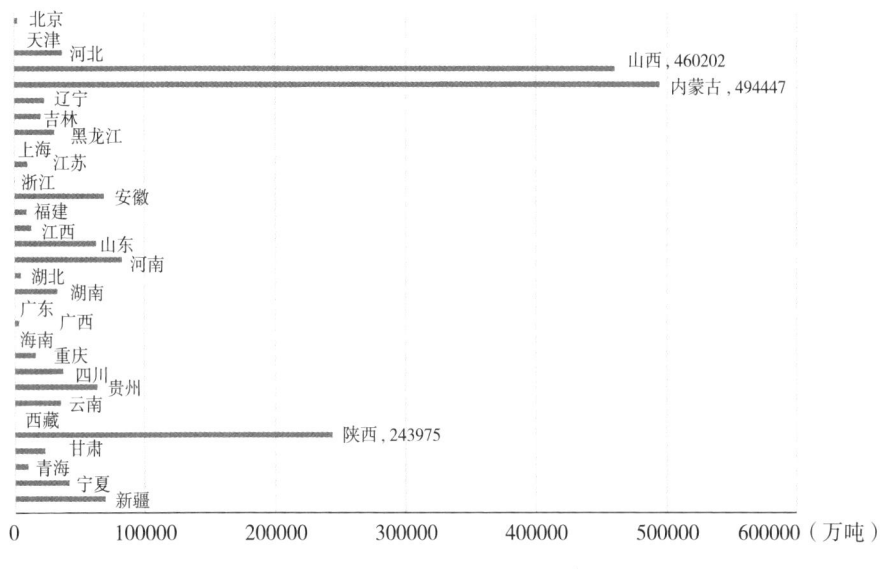

图 4-10 原煤产量分地区情况（2011—2015 年）

注：数据来源和数据处理与表格 4-3 相同。

5. 原铝（电解铝）产量分地区情况

由于分地区统计数据不完整，2004 年前统计数据缺失较多，所以选取较为完整的 2004—2011 年的原铝统计数据，而 2012 年、2013 年的数据选用电解铝的统计数据。从总生产量看，2004—2013 年间，河南、山东、青海、内蒙古和甘肃的原铝生产量处于前列。其中河南是原铝的主要产地，在此统计期间的产量接近 3000 万吨，与其他产量处于前列的四个单省比较，产量均是该四个单省产量的 2 倍以上。[1]

6. 平板玻璃分地区情况

从总生产量看，2000—2015 年间，河北、山东、江苏、广东、湖北的平板玻璃生产总量处于前列。其中河北省的产量遥遥领先于其他省份，且是唯一一个产量超过 10 万重量箱的省份。而山东、江苏

---

[1] 由于原铝（电解铝）数据缺乏年份较多，书中采用的年份数据为 2004—2013 年，考量长度短于其他行业展示的年份，故此处也就不再另外统计分析近 5 年短期的生产情况。

和广东三个省份处于第二梯队，产量都在7万重量箱以上。从最近的"十二五"时期（2011—2015年）的平板玻璃生产总量看（见图4-11），排名顺序略有变化，河北、湖北、广东三个省份居于平板玻璃产量前列，总产量分别为67105万重量箱、40370万重量箱和40323万重量箱，其中湖北在此期间生产势头仍然较强，具体表现为其"十二五"时期的生产总量占2000—2015年期间生产总量的65%以上，而河北和广东在同时期同样的占比仅为50%左右。

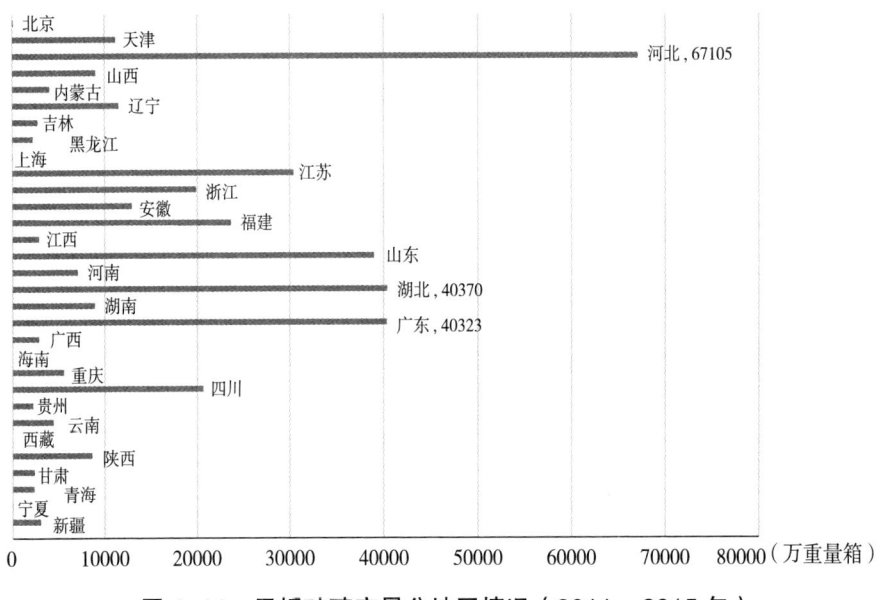

图4-11 平板玻璃产量分地区情况（2011—2015年）

注：数据来源和数据处理与表格4-3相同。

（二）小结

根据上述的分析，对五大行业产量的地区分布情况采取进一步梳理，即根据去产能各重点行业在统计周期内排名前五的省份进行汇总，确定去产能重点影响行业主要分布的省份。具体情况如表4-4中所列。

表 4-4　　　　　　去产能重点影响行业地区分布总结

	河北	江苏	辽宁	山东	山西	河南	广东	浙江	内蒙古	青海	甘肃	湖北	陕西
粗钢	√	√	√	√	√								
生铁	√	√	√	√									
水泥		√		√		√	√	√					
原煤				√	√				√				√
原铝				√		√			√	√	√		
平板玻璃	√	√		√			√					√	
合计	3	4	2	6	3	3	2	1	2	1	1	1	1

从表 4-4 中选出去产能政策重点影响行业的产量都排名靠前的省份，则为去产能中重点行业主要分布的省份。综合来看，山东、江苏、河北、山西和河南几个省份将可能是历年受去产能政策影响较大的省份。由此也可以得知，政策对省份的影响存在差异，后文基于微观数据的回归模型分析也将考虑省份差异因素的影响。

三　重点影响行业从业人员变化情况

由于去产能各重点行业在从业人员宏观数据方面的统计不完善，本部分选择数据统计较为完善的采矿业和制造业这两个大类行业的人员变化情况进行对比分析，因为采矿业完全包含在去产能重点影响行业内，而制造业以里的部分细分领域属于去产能重点影响行业。通过这两类行业人员的变化情况对比分析，可以从宏观数据方面展现受重点影响行业和部分受影响行业在从业人员变化方面的差异，进而可宏观勾勒出去产能对不同行业因受影响程度不同而产生的就业效果差异。

（一）采矿业从业人员变化情况

从业人员总量方面，采矿业城镇单位从业人员数从 2003 年呈逐年递增趋势，2013年后从业人员数开始递减。从性别构成看，女性从业人员变化波动较大，时有增减，2004年后女性从业人员总数开始减少，至2011年有所回升，维持在110万人以上，此后呈逐年递减态势（见表4-5）。

表4-5　　　　　　　采矿业从业人员变化情况

年份	采矿业城镇单位从业人员数（万人）	增长率（%）	采矿业城镇单位女性从业人员数（万人）	增长率（%）
2003	488.3	—	119.7	—
2004	500.7	2.54	117.1	-2.17
2005	509.2	1.70	113	-3.50
2006	529.7	**4.03**	115	**1.77**
2007	535	1.00	109.7	-4.61
2008	540.4	1.01	105.1	-4.19
2009	553.7	2.46	107.6	**2.38**
2010	562	1.50	105.5	-1.95
2011	611.6	**8.83**	115.9	**9.86**
2012	631	3.17	114.6	-1.12
2013	636.5	0.87	111.7	-2.53
2014	596.5	-6.28	110.2	-1.34
2015	545.8	-8.50	100.6	-8.71

注：表中加粗加下划线数据代表情况变化特殊的年份，一字线表示该年数据缺乏。数据来源为中国统计年鉴、中国人口和就业统计年鉴。

从业人员增长率方面，采矿业城镇单位从业人员数在2003—2014年间有两个主要的增长率转折点：2006年增长率为4.03%，该年实现较高的同比增长率，其后增长率水平下降，至2011年增长率又重新达到最高的8.83%，随后增长率再次转为下降态势。另外，2009年增长率水平相比其前后两年也有较小幅度增加，达到2.46%。女性从业人员增长率方面，女性从业人员的增长率也呈现出与总从业人员相同的增长率变化，分别在2006年1.77%、2009年2.38%和2011年9.86%

处于相对较高的增长率水平，并且以上三个年份也是增长率由高转低的转折点。其余年份女性从业人员的同比增长率均为负。值得注意的是，增长率变化的主要转折点2006年和2011年也分别是"十一五"规划纲要和"十二五"规划纲要实施的开端之年。

（二）制造业从业人员变化情况

从业人员总量变化方面，1995—2014年间，制造业城镇单位从业人员变化呈"U"形，在2002年和2003年处于谷底，从业人员数分别是2980.7万人、2980.5万人，是该统计期间仅有的低于3000万人的两个年份。制造业城镇单位女性从业人员数也表现出类似的变化，在2002年、2003年处于从业人员数的最低水平，不足1300万人。而制造业的企业数在1998—2003年期间处于低谷，该期间每年企业总数不足20万个，2004年开始逐渐回升，但在2010年企业数达到较高水平的42万余家后重新转为下降（见表4-6）。

表4-6　　　　　　　　　制造业从业人员变化情况

年份	城镇单位从业人员数（万人）	增长率（%）	城镇单位女性从业人员数（万人）	增长率（%）	制造业企业数（个）	增长率（%）
1994	5433.6	—	2460.7	—	—	—
1995	5493.1	1.10	2482.1	0.87	461203	—
1996	5344	−2.71	2391.7	−3.64	441784	−4.21
1997	5129.9	−4.01	2286.3	−4.41	421382	−4.62
1998	3826.1	−25.42	—	—	149652	−64.49
1999	3554.3	−7.10	1541.9	—	147116	−1.69
2000	3300.7	−7.14	1425.3	−7.56	148279	0.79
2001	3070.1	−6.99	1318.4	−7.50	156816	5.76
2002	2980.7	−2.91	1282.8	−2.70	166868	6.41
2003	2980.5	−0.01	1292.7	0.77	181186	8.58
2004	3050.8	2.36	1329.8	2.87	259374	43.15
2005	3210.9	5.25	1397.5	5.09	251499	−3.04

续表

年份	城镇单位从业人员数（万人）	增长率（%）	城镇单位女性从业人员数（万人）	增长率（%）	制造业企业数（个）	增长率（%）
2006	3351.6	4.38	1464	4.76	279282	11.05
2007	3465.4	3.40	1495	2.12	313046	12.09
2008	3434.3	−0.90	1444.3	−3.39	396950	**<u>26.80</u>**
2009	3491.9	1.68	1447.9	0.25	405183	2.07
2010	3637.2	4.16	1501.3	3.69	422532	4.28
2011	4088.3	**<u>12.40</u>**	1613.3	**<u>7.46</u>**	301489	**<u>−28.65</u>**
2012	4262.2	4.25	1661	2.96	318772	5.73
2013	5257.9	**<u>23.36</u>**	2073.8	**<u>24.85</u>**	343584	**<u>7.78</u>**
2014	5243.1	−0.28	2119.3	2.19	352365	2.56
2015	5068.7	−3.33	2021	−4.64	358665	1.79

注：表中加粗加下划线数据代表情况变化特殊的年份，一字线表示该年数据缺乏。数据来源为《中国统计年鉴》《中国人口和就业统计年鉴》。

从增长率水平看，制造业城镇单位从业人员从1996—2003年期间都处于负增长状态，其中1998年负增长率达到最低的−25.42%。从2004年开始，制造业城镇单位从业人员除2008年为负增长率以外，其他年份都保持正增长率水平，但增长较为缓慢。2013年其增长率达到此期间最高的23.36%，此后开始转为负增长。其中2005年、2011年和2013年是制造业城镇单位从业人员主要的增长率由高转低的转折点。

制造业城镇单位女性从业者的增长率水平呈现相似变动情况。1999年相比于1997年，制造业城镇单位女性从业者的隔年增长率达到较低的−32.56%（1998年数据缺失），2003年开始转为正增长率水平（2008年除外），2013年达到最高的增长率24.85%，"十二五"最后一年开始出现较大负增长率，为−4.64%。总体来看，制造业城镇单位女性从业者增长率由高转低的转折点与从业人员总数变化相同，也分别出现在2005年、2011年和2013年。

制造业企业增长率水平变化波动较大。1998年制造业企业数锐减，增长率为这一周期最低的 -64.49%，此后企业数量缓慢增加。2004 年企业数相比前几年有较快增加，同比增长率达到 43.15%，此后 2008 年的增长率也相对较高，达到 26.80%。2011 年企业数又出现较大幅度缩减，增长率水平为 -28.61%。另外，制造业企业的增长率变化与人员数的增长率变化在年份转折点方面恰好相反，如 2008 年制造业城镇单位从业人员数和女性从业人员数的增长率分别为 -0.90%、-3.39%，而企业数为较高的增长率 26.80%。或者说，人员的变动存在滞后效应，如企业数增长率较高的时间分别为 2004 年、2008 年和 2012 年（虽然 2012 年增长率小于 2013 年，但 2011 年增长率为 -28.61%，而 2012 年的增长率为 5.68%，相对较高），这些时间均出现在从业人员总数和女性从业人员数增长率较高年份的前一至两年。

（三）从业人员增长率比较分析

通过对比采矿业与制造业的从业人员增长率可以看出，一方面除个别年份外，多数年份的从业人员增长率保持正增长，即整体就业人员规模是随着时间推进而不断的增加。另一方面，采矿业作为受去产能重点影响的行业，相比于只受去产能部分影响的制造业来讲，在多数年份其从业人员的增长率是小于制造业从业人员增长率的，如表 4-7 第四列所示，多数年份差值为正。从该宏观数据的变化情况可以初步判断去产能重点影响行业对劳动者的吸引力较低，劳动者更不愿意选择受去产能重点影响的行业工作。

表 4-7 采矿业和制造业从业人员增长率对比

年份	采矿业城镇单位从业人员增长率（%）	制造业城镇单位从业人员增长率（%）	差值（%）
（1）	（2）	（3）	（3）-（2）
2004	2.54	2.36	-0.18
2005	1.70	5.25	3.55

续表

年份	采矿业城镇单位从业人员增长率（%）	制造业城镇单位从业人员增长率（%）	差值（%）
（1）	（2）	（3）	（3）-（2）
2006	4.03	4.38	0.35
2007	1.00	3.40	2.40
2008	1.01	−0.90	−1.91
2009	2.46	1.68	−0.78
2010	1.50	4.16	2.66
2011	8.83	12.40	3.57
2012	3.17	4.25	1.08
2013	0.87	23.36	22.49
2014	−6.28	−0.28	6.00
2015	−8.50	−3.33	5.17

注：数据来源为中国统计年鉴、中国人口和就业统计年鉴，差值是经过计算所得。

(四) 小结

根据上文对采矿业和制造业从业人员的变化情况，从城镇单位从业人员、女性从业人员和企业数等几个方面分析人员变化的主要转折点，可以得知，从业人员变化情况波动较大的年份集中在 2005 年和 2006 年左右，此外 2011 年也是两大类行业人员变化较大的年份，这些年份都集中在各"五年规划（计划）"纲要实施的开端之年。

除此之外，采矿业和制造业的从业人员增长率总体是不断增加的（2008 年受国际金融危机影响除外）。进一步比较可以发现，属于去产能重点影响的采矿行业，与只是部分受去产能影响的制造业相比，其同年从业人员增长率相对更低，即劳动者流入去产能重点影响行业的人员数增加幅度相对较小。

四 本章小结

本章运用国家统计局等官方公布的宏观统计数据，对去产能重点影响的行业（钢铁、煤炭、水泥、平板玻璃、电解铝）进行了深入分析。

从产量方面来看，2003年、2009年、2013年和2015年为窄口径的五大重点行业生产变化发生的四个主要转折点，其中2003年、2004年为增速较快时期，此后产量增长水平由高转低，后续增长虽有波动，但总体的增长速度要慢于2003年和2004年。从地区分布方面来看，去产能中窄口径的重点行业产地主要分布在山东、江苏、河北、山西和河南几个省，因此上述几个省份在供给侧结构性改革中可能会受去产能政策影响较大。从人员数量变化方面看，与窄口径的五大重点行业紧密相关的采矿业和制造业中的部分行业在2005年前后以及2011年出现从业人员数量变化较大的转折点。另外，在同年的人员增长率比较中可以看出，制造业的人员增长率要大于全部受去产能重点影响的采矿业的人员增长率，也就是说同时期采矿业在劳动者流入方面少于制造业，劳动者相对不愿意选择那些受去产能影响严重的行业。

第 5 章
去产能对就业影响的微观数据分析

一 研究数据简介与处理

本部分将着重研究去产能政策重点影响行业内劳动者的就业问题。通过比较各类公开的综合性调查数据发现，北京师范大学中国收入分配研究院的"中国家庭收入调查"（Chinese Household Income Project, CHIP）具有详细的个体工作经历调查数据。故本研究使用该数据进行微观实证分析，探究去产能重点影响行业内劳动者个体的就业结构转换，是选择转换到其他行业，失业抑或是提前离退休？

（一）研究数据简介

中国家庭收入调查（Chinese Household Income Project, CHIP）：该数据包括 1988、1995、2002、2007 和 2013 年这五年的收支信息、家庭和个人信息。所有的 CHIP 数据均包含针对城镇和农村住户的调查。[1]

本研究以最新的 CHIP2013 数据为主。CHIP2013 数据是在国家自然科学基金资助和国家统计局的支持下，2014 年 7—8 月份由北京师范大学中国收入分配研究院联合国内外专家共同完成。该数据主要收集了 2013 年全年的收入和支出信息，编号为 CHIP2013。按照东、中、西分层，采取系统抽样方法抽取得到 CHIP 样本，样本包括 15 个省份

---

[1] 资料来源于中国收入分配研究院，2018 年 3 月 16 日，http://www.ciidbnu.org/chip/。

126城市234个县区抽选出的18948个住户样本和64777个个体样本，其中包括7175户城镇住户样本、11013户农村住户样本和760户外来务工住户样本。数据内容包括住户个人层面的基本信息、就业信息，以及家庭层面的基本信息、主要收支信息和一些专题性问题，覆盖除新疆外的14个省份，包括收入、支出、住户成员个人情况、2013年劳动时间安排、就业情况、住户资产、拆迁征地情况、农业经营等内容。

（二）研究数据的有效性处理

因为数据中的一些关键问题存在信息缺失情况，为了更多更好地保留样本，本部分从两方面着手对数据进行有效性处理：一方面，通过问卷中与缺失的关键信息关联度较高的问题进行判读，对缺失的关键信息进一步确认补充，从而能够更多地保留样本；另一方面，对数据中关键问题进行筛选识别，删去存在矛盾和明显错误等一系列不合理信息，从而能够更好地保留样本。

问卷有效性处理逻辑图如下（见图5-1）。

本研究使用CHIP2013中的城镇与流动人口两大类样本，共22097个样本。因为就业结构转换是本文的主要研究内容之一，所以将样本中是否汇报了第一份工作所属行业情况作为问卷筛选的逻辑出发点，结合"目前就业情况[①]、是否正常离退休、年龄、第二份工作是否汇报"等变量对样本进一步筛选和分类细化。样本细分的初步结果如下，即劳动者在第一份工作结束后转为正常离退休状态的有657个样本，转为失业状态的样本有3959个，工作未发生转换的样本有5874个，属于工作转换的有5714个，直接删除的无效样本有5893个，合计22097个[②]（见表5-1）。

[①] 样本中目前的就业情况是指2013年的情况，因为样本数据是2014年采集。但样本中也有部分样本汇报了2014年就业状况，样本数不多，对结果影响不大。

[②] 样本的具体筛选过程参见附录B。

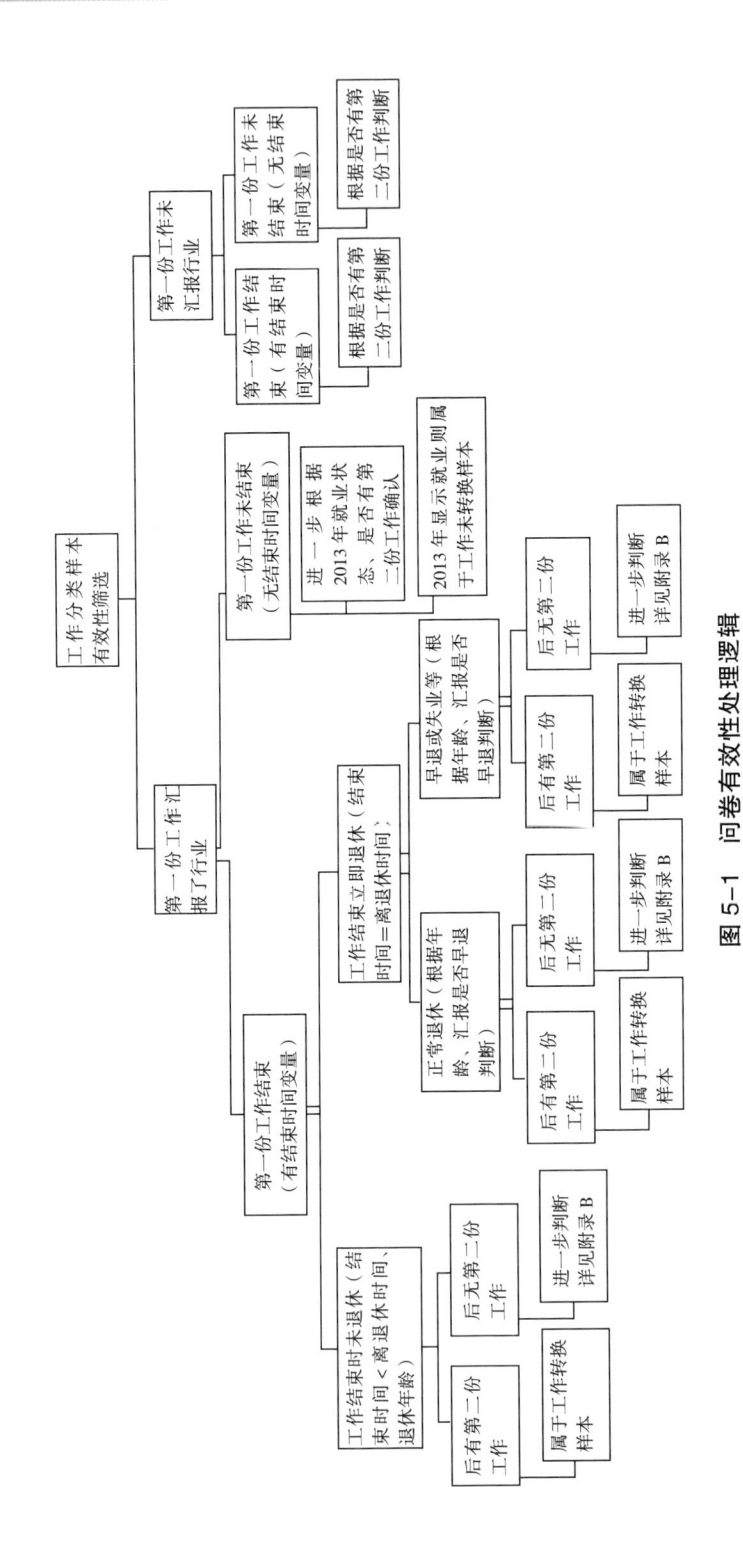

图 5-1 问卷有效性处理逻辑

表 5-1　　　　　　CHIP2013 样本就业结构分布统计

	正常离退休	失业状态	工作未转换	工作转换	无效样本
第一份工作	657	3959	5874	5714	5893

注：表中失业状态包括数据中汇报的以下情形：早退、失业/待业、升学、家务劳动、长病假、其他非工作状态等。下文同。

然而，某些样本虽然能判定其就业结构分布情况，但难以进一步识别其所属行业，即无法判断其是从哪类行业进行就业转换的，这不利于后文的研究分析。在此，本部分进一步删除对后文分析无效的样本，保留以下样本供分析研究（见表5-2）。

表 5-2　　　　　　CHIP2013 有效样本结构分布

	正常离退休	失业状态	工作未转换	工作转换
第一份工作结束后	656	1891	5779	5691

二　去产能重点影响行业与就业转换基本情况描述

去产能作为一种宏观调控政策，将会如何影响劳动力市场的微观劳动者呢？根据前文的理论分析，去产能将会导致企业对劳动者数量需求的减少。为了进一步对理论分析的结论进行验证，本节利用CHIP2013数据对受去产能重点影响行业中劳动者的就业情况进行统计描述，观察去产能重点影响行业的劳动者是依然工作于此行业，还是流转到其他行业，抑或是选择提前离退休。

（一）去产能重点影响行业与 CHIP 数据的匹配和界定

本部分主要研究受去产能重点影响行业中从业劳动者的就业变化情况，即钢铁、煤炭、水泥、电解铝、平板玻璃这五个窄口径行业的劳动者在政策影响下的就业情况。为了通过CHIP2013数据反映以上窄口径行业对劳动者就业的影响，本研究将数据中的行业划分与去产能重点影响行业进行匹配（见表5-3）。

表5-3 CHIP2013数据与重点影响行业匹配对照

窄口径行业	CHIP2013数据中相对应行业/职业
钢铁	2采矿业、3制造业（31勘测及矿物开采/金属冶炼、轧制人员）
煤炭	2采矿业、3制造业（31勘测及矿物开采/金属冶炼、轧制人员）
水泥	3制造业（32化工产品生产人员）、3制造业（41建筑材料生产加工人员）、5建筑业（41建筑材料生产加工人员）
电解铝	3制造业（32化工产品生产人员）、3制造业（42玻璃、陶瓷、搪瓷及其制品生产加工人员）、5建筑业（41建筑材料生产加工人员）
平板玻璃	3制造业（32化工产品生产人员）、3制造业（41建筑材料生产加工人员）、3制造业（42玻璃、陶瓷、搪瓷及其制品生产加工人员）、5建筑业（41建筑材料生产加工人员）

注：表中右栏为CHIP2013问卷的相应行业/职业，数字为问卷中各类行业/职业的编号。

窄口径行业主要与采矿业、制造业这两大类行业紧密相关。制造业涵盖范围较广，为了更精准地确定受去产能影响的劳动者群体，本部分在行业大类这一维度的基础上加入细分的职业维度，通过两个维度更准确地界定主要被影响的劳动者群体。根据上表中二者的行业匹配，可以确定去产能窄口径行业主要对应于CHIP2013数据中以下行业：

采矿业、制造业中的四类具体职业（勘测及矿物开采/金属冶炼、轧制人员；化工产品生产人员；建筑材料生产加工人员；玻璃、陶瓷、搪瓷及其制品生产加工人员）、建筑业中的一类职业（建筑材料生产加工人员）。

为了更好地体现去产能窄口径行业中劳动者的就业影响效果，本部分将所有行业进一步划分为三类以便进行后续对比分析，即比较窄口径行业与其他类行业中劳动者就业影响的差异效果，更好体现去产能重点影响行业内劳动者的就业状况。具体划分如下：

第一类：即上述窄口径行业对应的重点行业/职业；

第二类：制造业和建筑业中除去被归为第一类以外的其他职业；

第三类：除去第一、二类的所有行业/职业。

第一类行业，作为去产能的重点影响行业，将其单独分离出来，有利于后文比较分析去产能重点影响行业与其他行业的就业效果差异。第二类行业，基本上是与第一类行业相近的制造业但并未受到去产能重点影响，二者属性相似，只是在去产能政策影响力度方面有差异，因此将其分离出来作为第二类是为了起到与第一类行业形成内部参照的效果。第三类行业是与前两类行业完全不同的行业，将其分离出来可以作为一个外部参照。据此，既可以探究第一类行业（去产能重点影响行业）与其属性相近的第二类行业在就业方面的内部差异性，也可以比较第一类行业（去产能重点影响行业）与其属性差异较大的第三类行业之间就业情况的外部差异性。通过内部外部两类差异性对比，更好厘清去产能政策的就业影响。

（二）各类行业的就业结构状态分布

根据以上划分的三类行业，分别统计各类行业中的劳动者在结束第一份工作后是正常离退休、转为失业，还是转换了工作等几类情况，同时也会统计各类行业劳动者中属于一直未转换工作情况所占的比例。具体如表5-4所示。

根据统计结果显示，在经过清理的CHIP2013数据样本中，可以供分析判断各类行业劳动者就业状态分布情况的有效样本共14017个。从这总的就业结构转换样本中，我们可以获得如下结论。

第一，横向看各类行业的就业结构分布情况。第一类行业，即去产能重点影响的行业，从业劳动者在结束第一份工作后，发生工作转换的比例最高，达到39.32%，转为正常离退休状态的比例最低，只有4.99%；第二类行业，即与第一类行业属性相近但并未受去产能重点影响的行业，也是发生工作转换的比例最高，达到48.55%，转为正常离退休状态比例最低，为5.08%；第三类行业，是除第一、二类以外的行业，将其作为一个外部参照可以发现，其工作未发生转换的比例最高，为45.82%，而发生转换的比例相对较低，只有37.42%。

表5-4　　　　　　　　三类行业的各就业状态样本分布

		正常离退休	失业状态	未转换	转换	合计
第一类	2 采矿业 3 制造业中（31、32、41、42） 5 建筑业中（41）	（50） 4.99%	（224） 22.36%	（334） 33.33%	（394） 39.32%	（1002） 100%
第二类	3 制造业中其他职业 5 建筑业中其他职业	（195） 5.08%	（539） 14.05%	（1240） 32.32%	（1863） 48.55%	（3837） 100%
第三类	除一、二两类外行业与职业 （除2、3、5外的行业）	（411） 4.48%	（1128） 12.29%	（4205） 45.82%	（3434） 37.42%	（9178） 100%
	合计	656	1891	5779	5691	14017

注：括号内为该类行业在该就业状态下的具体样本数，而括号下面数据为该类行业在四种就业状态的百分比。

第二，纵向比较各类行业的就业结构分布差异。第一类行业的劳动者在结束第一份工作后转为失业的比例明显高于另外两类行业，达到22.36%。第三类行业，受去产能影响的程度最小，其失业比例也最低，只有12.29%。而作为行业属性相近但非去产能重点影响行业的第二类，其失业比例也低于受重点影响的第一类行业。

第三，从工作稳定性角度考虑。劳动者更希望有一份稳定的工作，第三类行业中劳动者未转换工作的比例最高，达到45.82%。虽然第二类与第一类行业的劳动者工作未转换的比例相近，均在33%左右，但第二类行业的劳动者更多的是在结束第一份工作后仍然能够重新就业，其工作转换的比例高达48.55%。相比之下，第一类行业劳动者由于是属于受去产能重点影响的行业，劳动者会相对较多地失业。

第四，从第一份工作结束转为正常离退休和失业两种非就业状态角度对比。本部分研究关注的主要对象，即去产能重点影响的第一类行业内的劳动者，在结束第一份工作后转入非就业状态的比例高于另两类行业，达到27.35%，另两类行业的劳动者在转为非就业状态的比例都未超过20%，且转为失业的比例也低于第一类行业。

（三）第一份工作转第二份工作时的行业选择情况

受去产能政策重点影响的行业，从理论角度看会面临劳动者的流失，即重点行业的从业者相比于其他行业，存在较大比例的从业劳动者在第二次择业时会流向其他行业的现象，而其他行业的劳动者也会更少地流入窄口径行业。

从各行业的劳动力转移情况看（见表5-5），第一份工作从事第一类行业的劳动者，其第二份工作选择流向第三类的比例最高，其次是流向本行业，最后是流向第二类行业。第一份工作从事第二类行业的劳动者，在选择第二份工作的行业时也表现出相似的流向变化，即流向第三类行业的劳动者比例最高，次之是流向本行业，最后是流向去产能的重点行业。第三类行业的劳动者是流向本行业比例最高，流向第一类行业的占比最低。

表5-5　　第一份工作转第二份工作的就业行业选择分布

第一份工作 \ 第二份工作		第一类	第二类	第三类	合计
第一类	2采矿业 3制造业中（31、32、41、42）5建筑业中（41）	（81）20.56%	（39）9.90%	（274）69.54%	（394）100%
第二类	3制造业中其他职业 5建筑业中其他职业	（24）1.29%	（723）38.81%	（1116）59.90%	（1863）100%
第三类	除一、二两类外行业与职业（除2、3、5外的行业）	（90）2.62%	（330）9.61%	（3014）87.77%	（3434）100%
合计		195	1092	4404	5691

注：括号内为劳动者在就业结构转换时分别流入各类行业的具体样本数，括号下面数据为某类行业劳动者流入以上三类行业的结构占比。

从三类行业之间的相互比较看，在寻找第二份工作仍选择流入与第一份工作同行业的情况中，第一类行业劳动者的比例最低，仅为 20.56%，另外两类行业劳动者仍然选择从事本行业的比例分别高达 38.81% 和 87.77%。从事第一、二类行业的劳动者再次择业时更愿意选择第三类行业。可以看出，相比于第二、三类行业，受去产能重点影响的第一类行业劳动者转换工作时，再次流入本行业的比例也相对较低。

根据统计结果可得如下结论：第一，各类行业的劳动者在结束第一份工作选择第二份工作时，选择同类行业的比例都较高，这可能是行业间所存在的技能壁垒导致，但相比于另两类行业，第一类劳动者再次选择流向本身的比例最低；第二，三类行业的劳动者第二次择业时，都明显表现出流向第三类行业比例最高这个共同特征；第三，三类行业的劳动者第二次择业时，流向去产能重点影响行业的劳动者的比例均较低，除本身从事第一类行业的劳动者外，另外两类行业的劳动者的流入比例仅为 1.29% 和 2.62%，这也符合前文的理论推测。

三 就业结构变动的回归分析

根据前文的描述统计分析可以看出，去产能重点影响行业（窄口径行业）的从业劳动者相比于其他行业类别的从业劳动者，在工作变动时会更多地流出本行业并且更多地在结束工作后转为失业状态。本节将基于 CHIP2013 数据，运用回归分析，控制更多影响变量，进一步分析验证上述结论。

（一）方法简介

本部分着重考察受去产能重点影响行业的就业效应。首先考量重点行业与另两类行业的劳动者之间相比是否工作更容易发生变动，然后再看重点行业内劳动者在工作变动后是否更多地转为失业状态，最后进一步考察在工作转换时三类行业的劳动者选择行业类别的差异。

前文已经对研究数据CHIP2013进行了有效性处理，并根据研究需要将其分成了正常离退休、失业、工作未发生转换和工作发生转换四类样本。本部分研究分析将以除正常离退休样本外的三类样本为主，即工作未转换样本、工作转换样本和工作转失业状态样本，并将属于工作转换样本和失业状态样本定义为工作变动的样本。据此设立两个主要因变量供回归分析使用：工作是否发生变动（Y_1，即发生了工作变动的样本赋值1，工作未转换的样本赋值0），结束第一份工作后是否转为失业状态（Y_2，即属于失业状态样本的赋值1，属于工作未转换样本和工作转换样本的赋值0）。另外主要考察以下三个自变量系数的差异：第一份工作是否从事第一类行业（N_1），第一份工作是否从事第二类行业（N_2），第一份工作是否从事第三类行业（N_3）。

两个因变量均为二分变量，本部分选用Logit回归模型，具体模型如下：

$$Y_1 = \alpha_1 + \beta_1 N_2 + \beta_2 N_3 + \beta_{3i} X_i + \beta_{4i} year_i + \varepsilon_1 \tag{1}$$

$$Y_2 = \alpha_2 + \beta_5 N_2 + \beta_6 N_3 + \beta_{7i} X_i + \beta_{8i} year_i + \varepsilon_2 \tag{2}$$

其中，X_i表示若干控制变量，诸如性别、健康水平、年龄、党员情况、户口性质、婚姻状况、教育状况等人口特征变量；ε_1与ε_2表示误差项。另外，由于我国的产能过剩情况存在着地区差异，中部、西部地区产能过剩严重（张少华、蒋伟杰，2017）。本部分关于宏观数据分析的内容也显示不同行业在不同省份的生产情况存在差异，不同省份受去产能影响的程度也会有差异，因此本部分在回归分析时也会进一步控制各省份变量。另外，为了使数据更易阅读和解释，本研究对问卷中"健康水平"变量进行了调整，用1到5分别表示健康水平从"非常不好"到"非常好"，数值越大表示越健康。主要变量归纳如表5-6所示。

表 5-6 主要变量简介

类型	变量	解释
因变量	Y_1	工作是否发生变动，即第一份工作结束后失业或发生工作转换（是=1，否=0）
	Y_2	第一份工作结束是否转为失业（是=1，工作未转换或转换工作=0）
主要自变量	N_1	第一份工作是否从事第一类行业（是=1，否=0）
	N_2	第一份工作是否从事第二类行业（是=1，否=0）
	N_3	第一份工作是否从事第三类行业（是=1，否=0）
人口特征变量	女性	女性=1，男性=0
	年龄	根据出生年份和调查年份计算的当时年龄
	婚姻状态	已婚状态=1，其他=0
	民族	汉族=1，少数民族=0
	政治面貌	中共党员=1，其他=0
	户口性质	城镇户口=1，其他=0
	健康状态	1—5 评分：非常不好、不好、一般、好、非常好
教育水平	高中以下类	等于1时为高中以下教育水平，其他为0
	高中水平类	等于1为高中、职高/技校、中专等教育水平，其他为0
	大学水平类	等于1时为大专、大学本科教育水平，其他为0
	研究生及以上	等于1时为研究生及以上教育水平，其他为0
时间变量	$year_1$	第一份工作结束所在年份的虚拟变量
地区变量	province	内地各直辖市、省、自治区

具体变量的描述性统计如下。

从因变量来看，全样本中工作变动占比 0.55，而失业占比较低。从本书主要关注的自变量来看，从事第一类行业工作的劳动者在各样本下，其占比都最少，而另外两类行业的从业劳动者较多。

从人口特征来看，女性在正常离退休样本中的占比高于男性，即女性相比男性更多的是正常离退休，而在其他各类型样本中占比都略低于男性。整个样本的平均年龄为 47.34 岁，正常离退休样本相比于另外几个样本，其样本平均年龄最高，达到67岁，而发生工作转换样本中的平均年龄最小，只有43.37岁。各个样本中，已婚、汉族和城镇户口的样本占绝大多数。中共党员身份的样本在各类样本中比重不高，但在正常离退休样本中的比重相对较高，占比达到30%。教育水平越低的劳动者，其在失业样本中的占比越高，而教育水平越高的劳动者分布在工作未转换样本和工作转换样本中的比例越高。关于健康水平，在未转换工作的样本中，健康程度最好。

从地区分布来看，东部地区的劳动者发生工作转换和正常离退休的比重较高，而西部地区的劳动者在失业样本中的比重比其在另外几个类型样本中的比重要高，中部地区的劳动者更多的是工作未发生转换，东北部地区的劳动者在正常离退休和失业样本中相比其在另外几类样本中的占比要高（见表5-7）。

表5-7　　　　　　　　　　主要变量描述性统计

变量名称	全样本 观测值	全样本 平均值	正常离退休样本 观测值	正常离退休样本 平均值	失业样本 观测值	失业样本 平均值	工作未转换样本 观测值	工作未转换样本 平均值	工作转换样本 观测值	工作转换样本 平均值
工作变动 Y_1	12768	0.550	0	—	1402	1.000	5746	0.000	5620	1.000
失业 Y_2	12768	0.110	0	—	1402	1.000	5746	0.000	5620	0.000
第一份工作从事第一类行业者 N_1	13406	0.072	638	0.078	1402	0.131	5746	0.058	5620	0.070
第一份工作从事第二类行业者 N_2	13406	0.277	638	0.298	1402	0.318	5746	0.215	5620	0.327
第一份工作从事第三类行业者 N_3	13406	0.652	638	0.624	1402	0.551	5746	0.727	5620	0.603
女性身份	13406	0.484	638	0.531	1402	0.492	5746	0.471	5620	0.490
年龄	13406	47.340	638	67.210	1402	55.863	5746	43.374	5620	47.013

续表

变量名称	全样本 观测值	全样本 平均值	正常离退休样本 观测值	正常离退休样本 平均值	失业样本 观测值	失业样本 平均值	工作未转换样本 观测值	工作未转换样本 平均值	工作转换样本 观测值	工作转换样本 平均值
已婚状态	13406	0.877	638	0.801	1402	0.862	5746	0.881	5620	0.886
汉族	13406	0.954	638	0.966	1402	0.939	5746	0.954	5620	0.956
中共党员	13406	0.189	638	0.304	1402	0.185	5746	0.211	5620	0.155
城镇户口	13406	0.822	638	0.980	1402	0.872	5746	0.825	5620	0.788
健康状态	13397	3.947	638	3.462	1400	3.569	5739	4.083	5620	3.957
高中以下教育水平	13403	0.446	637	0.543	1402	0.588	5745	0.355	5619	0.492
高中、职高/技校、中专教育水平	13403	0.279	637	0.308	1402	0.285	5745	0.276	5619	0.277
大专、大学本科教育水平	13403	0.262	637	0.146	1402	0.121	5745	0.346	5619	0.224
研究生及以上教育水平	13403	0.013	637	0.003	1402	0.006	5745	0.023	5619	0.007
东部	13406	0.353	638	0.375	1402	0.292	5746	0.342	5620	0.378
西部	13406	0.235	638	0.215	1402	0.254	5746	0.242	5620	0.226
中部	13406	0.341	638	0.287	1402	0.331	5746	0.376	5620	0.313
东北部	13406	0.071	638	0.124	1402	0.123	5746	0.040	5620	0.083

注：正常离退休样本中的两个因变量观测值为0，是因为两个因变量分别被设置为是否发生工作变动和是否失业，在设置因变量时未考虑正常离退休样本。各类行业样本在转正常离退休的比例接近且总样本数相对较少，未将正常离退休样本设置为因变量，不影响研究结果。

（二）工作变动与失业的回归分析

本节将以工作是否发生变动（Y_1）和工作结束是否转失业（Y_2）作为因变量，根据第一份工作所从事的行业类别而划分的三类行业劳动者（N_1、N_2、N_3）为本研究主要关注的自变量。本部分选择将第一份工作从事第一类行业的劳动者（N_1）作为基准组，在此基础上尝试加入不同的控制变量进行 Logit 模型回归分析，检验去产能重点影响行业中的劳动者与其他类别行业劳动者相比是否更容易发生工作变动与失业。

表 5-8 中各列汇报的都是 Logit 回归结果，区别是加入了不同的控制变量，其中第（1）（3）列是未控制其他变量的基础回归，第（2）（4）列加入了人口特征、地区分布、工作转换年份等控制变量。根据控制不同变量的回归结果均可以发现，相比于第一类行业的从业劳动者，另外两类行业的从业劳动者转为失业的概率都更低，这也与理论推测结果一致。具体报告结果如下。

表 5-8　　　　　　　　　工作变动与失业的回归结果

	变量	(1) Y_1	(2) Y_1	(3) Y_2	(4) Y_2
自变量	N_2	0.0168 (0.0188)	0.0146 (0.0140)	−0.0507*** (0.00832)	−0.0625*** (0.0129)
	N_3	−0.134*** (0.0172)	−0.00165 (0.0133)	−0.0993*** (0.0112)	−0.0683*** (0.0142)
人口特征变量	女性		−0.0677*** (0.00744)		−0.0128 (0.00817)
	年龄		0.00425** (0.00185)		0.00209 (0.00232)
	年龄平方		−0.000111*** (1.74e−05)		2.34e−05 (2.08e−05)
	已婚		−0.0687*** (0.0107)		−0.0334** (0.0154)
	汉族		0.0148 (0.0170)		−0.0298 (0.0200)
	中共党员		0.0187* (0.0105)		0.0293** (0.0122)

续表

变量		(1) Y_1	(2) Y_1	(3) Y_2	(4) Y_2
人口特征变量	城镇户口		−0.0178* (0.01000)		0.0510*** (0.0104)
	健康（不好）		−0.0401 (0.0339)		−0.0755 (0.0583)
	健康（一般）		−0.0564* (0.0316)		−0.110** (0.0558)
	健康（好）		−0.0444 (0.0315)		−0.141** (0.0559)
	健康（非常好）		−0.0208 (0.0320)		−0.155*** (0.0563)
教育水平变量	高中类		−0.0140 (0.00957)		0.0163 (0.0101)
	大学本科类		−0.0716*** (0.0134)		−0.0505*** (0.0120)
	研究生及以上		−0.162*** (0.0609)		0.00328 (0.0530)
地区分布变量	东北部		0.0122 (0.0119)		0.0510*** (0.0166)
	中部		0.0242*** (0.00888)		0.0328*** (0.0109)
	西部		0.0311*** (0.00903)		0.0286** (0.0119)
年份变量	工作转换年份		控制		控制
观测值		12768	7660	12768	8122

注：第（1）（2）列因变量为劳动者工作是否变动的虚拟变量（Y_1），如果变动则为1，工作不变动为0。第（3）（4）列因变量为是否为失业的虚拟变量（Y_2），失业为1，未失业为0。表内为Logit模型结果，各列报告的是自变量对因变量的平均边际效应。地区分布变量以东部地区为基准组。括号内为稳健标准误。***$p<0.01$, **$p<0.05$, *$p<0.1$。

在工作是否发生变动的回归结果第（1）（2）列中，相比于第一类行业的劳动者，第二类行业内的劳动者工作变动概率并没有明显的差异（未通过显著性检验），而第三类行业内劳动者工作变动的概率比第一类行业的概率要低13.4%，且均在1%的置信水平上统计显著。但控制更多变量后，三类行业劳动者的工作变动情况均没有显著差异。

在工作结束是否转失业的回归结果第（3）（4）列中，相比于第一类行业的劳动者，第二类行业内的劳动者转失业概率比第一类要低5.07%，且在1%的统计水平显著。第三类行业内劳动者转失业的概率比第一类行业的概率要低9.93%，且均在1%的置信水平上统计显著。控制更多变量后，第二类行业的劳动者比第一类去产能重点影响行业的失业概率变得更低，而第三类行业的劳动者比第一类去产能重点影响行业的失业概率也要低，但相对差异程度有所缩小。

此外，其他一些控制变量的回归结果如下：关于性别，女性变量在工作是否发生变动的回归中表现为显著负关系，即女性相比于男性发生工作变动的概率更低；关于年龄，年龄与工作变动之间呈现"倒U"形关系，即劳动者随着年龄增加，工作发生变动的概率先增加后减小；关于婚姻状态，已婚情况下，劳动者无论是发生工作变动还是失业的概率都相对较低，即已婚人群工作稳定性更强。关于教育水平，劳动者的教育水平越高，发生工作变动或失业的概率相对越低，即教育水平高的劳动者更容易获得稳定的工作。关于地区差异，中部和西部地区的劳动者相比东部劳动者发生工作变动的概率更大，并且相比于东部地区的劳动者，其他地区劳动者失业的概率更高。

通过结合以上两类回归的结果可以看出：在工作变动方面，第三类行业的劳动者比去产能重点影响的第一类行业劳动者发生工作变动的概率更低，即工作更稳定。第二类行业的劳动者虽然在工作变动方面与第一类行业的劳动者没有显著差异，但进一步比较工作变动的具体情况可以得知，第二类行业劳动者工作变动为失业情况的概率更低。也就是说，相比去产能重点影响的第一类行业，第二类行业劳动者在工作发生变动时更多的是发生了转岗而不是失业，其就业情况好于第一类行业的劳动者。

（三）工作变动中的就业行业转换回归分析

为考察三类行业的劳动者在具体工作转换时，是否选择转入去产能重点影响行业的情况，本节以工作转换样本为主，将第二份工作是否选择从事第一类行业（Y_{3A}）作为因变量。第一份工作从属于不同行业类别的劳动者（N_1、N_2、N_3）作为本研究主要关注的自变量，其中将第一份工作从事第一类行业的劳动者（N_1）作为基准组。研究过程中，在基础回归模型中不断尝试加入不同的控制变量进行 Logit 模型回归分析，检验去产能重点影响行业劳动者在工作转换时的行业选择与其他类别行业劳动者间的差异。回归模型如下：

$$Y_{3A} = \alpha_3 + \beta_9 N_2 + \beta_{10} N_3 + \beta_{11i} X_i + \beta_{12i} year_i + \varepsilon_3 \tag{3}$$

根据控制不同变量的回归结果均可以发现，在进行第二份工作选择时，相比于第一类行业的从业劳动者，另外两类行业的从业劳动者都更少去选择从事去产能重点影响的第一类行业。这也与理论推测结果一致。具体报告结果如下。

表 5-9 中各列汇报的都是 Logit 回归结果，区别是加入了不同的控制变量，其中第（1）列是基础回归，第（2）列加入了人口特征和教育水平变量，第（3）列控制了工作转换所发生的年份这个时间变量，第（4）列又控制了省份变量。回归结果显示，在第一份工作向第二份工作转换时，相比于第一类行业的劳动者，第二类行业内的劳动者在选择第二份工作时转入第一类行业的概率要低 8.76%—10.50%，而第三类行业内劳动者在转换到第二份工作时，选择从事第一类行业的概率要低 11.3%—13.8%，且均在 1% 的置信水平上统计显著。

表 5-9　　　　　　　　工作转换进入第一类行业的回归结果

变量		(1) Y_{3A}	(2) Y_{3A}	(3) Y_{3A}	(4) Y_{3A}
自变量	N_2	−0.0920*** (0.00846)	−0.0876*** (0.00820)	−0.105*** (0.00993)	−0.0942*** (0.00911)
	N_3	−0.125*** (0.0140)	−0.113*** (0.0135)	−0.138*** (0.0162)	−0.124*** (0.0149)
人口特征变量	女性		−0.00169 (0.00479)	−0.00298 (0.00584)	−0.00308 (0.00581)
	年龄		0.00192 (0.00130)	−0.000127 (0.00177)	−0.000176 (0.00169)
	年龄平方		−1.59e−05 (1.21e−05)	1.94e−07 (1.67e−05)	2.63e−07 (1.60e−05)
	已婚		0.00492 (0.00756)	0.00565 (0.0103)	0.00485 (0.0103)
	汉族		0.0177** (0.00894)	0.0217** (0.0105)	0.0239** (0.00938)
	中共党员		0.00665 (0.00793)	0.00799 (0.00993)	0.00724 (0.00980)
	城镇户口		0.0107* (0.00548)	0.0113 (0.00720)	0.00946 (0.00732)
	健康（不好）		−0.0365 (0.0495)	−0.0470 (0.0469)	−0.0579 (0.0447)
	健康（一般）		−0.0528 (0.0485)	−0.0721 (0.0453)	−0.0790* (0.0430)
	健康（好）		−0.0557 (0.0487)	−0.0697 (0.0455)	−0.0752* (0.0432)
	健康（非常好）		−0.0540 (0.0490)	−0.0631 (0.0459)	−0.0709 (0.0435)
教育水平变量	高中类		−0.0117** (0.00517)	−0.0166*** (0.00616)	−0.0163*** (0.00623)
	大学本科类		−0.0182*** (0.00573)	−0.0231*** (0.00699)	−0.0218*** (0.00709)
	研究生及以上		−0.00944 (0.0255)	−0.0119 (0.0309)	−0.0111 (0.0333)

续表

变量		(1) Y_{3A}	(2) Y_{3A}	(3) Y_{3A}	(4) Y_{3A}
地区分布变量	东北部				0.0438** (0.0181)
	中部				0.0378*** (0.00999)
	西部				0.0102 (0.0110)
时间变量	工作转换年份			控制	控制
观测值		5620	5619	4455	4455

注：因变量为劳动者在结束第一份工作后，选择第二份工作时是否会从事第一类行业的虚拟变量（Y_{3A}），如果选择从事第一类行业则为1，选择从事另外两类行业为0。表内为Logit模型结果，各列报告的是自变量对因变量的平均边际效应。教育水平变量以高中水平以下类为基准组，健康变量状态以"非常不好"为基准组，地区分布变量以东部地区为基准组。括号内为稳健标准误。*** $p<0.01$，** $p<0.05$，* $p<0.1$。

一些控制变量与因变量之间也存在显著相关性。如表5-9第（4）列结果中汉族劳动者相比于少数民族劳动者，在进行第二份工作选择时，流向第一类行业的概率显著要高2.39个百分点，且在5%的置信水平上统计显著；而高中教育水平、大学教育水平的劳动者相比于高中以下教育水平，在第一份工作结束后转换流入第一类行业的概率显著要低，其分别比高中以下教育水平平均低1.63个百分点和2.18个百分点，且在1%的置信水平统计显著，而研究生及以上教育水平的劳动者流入第一类行业的概率也低，但置信水平统计不显著；东北部和中部地区的劳动者相比于东部地区，显著更多地流向属于去产能重点影响的第一类行业。

当回归模型在同时控制人口特征变量、教育水平变量和工作转换发生的年份变量时，已婚、中共党员和城镇户口等变量，分别相比于未婚、非党员和非城镇户口，在选择转向第一类行业都具有更高的概率，但未通过显著性检验。

（四）就业行业转换回归分析的进一步比较检验

前文主要以第一份工作结束后进行工作转换时是否选择从事第一类行业（Y_{3A}）为因变量，并以第一份工作属于第一类行业的自变量 N_1 为基准组，观察三类行业劳动者在工作转换时就业选择的差异。然而，对三类行业的劳动者工作转换是否流入第一类行业进行回归分析，这只能反映出在同时选择转换到第一类行业的情况下，第二、三类行业的劳动者较少地选择第一类行业。那么第一类行业的劳动者在工作转换时是转入第二、三类行业更多，还是转入本类行业更多呢？由于行业壁垒等因素，不同行业之间劳动者流动本来就存在一定限制，第二、三类行业劳动者即使不受去产能政策的影响，也未必会愿意跨行业选择第一类行业就业。如果只根据前文（3）式回归的结果，并不能全面反映去产能政策重点行业的劳动者真实受到的就业影响，因此解决这些问题以全面展示去产能政策的就业影响，需要进一步比较检验三类行业劳动者的就业转换情况。

本节增加另外两个因变量 Y_{3B}（第一份工作结束后转换选择第二类行业）和 Y_{3C}（第一份工作结束后转换选择第三类行业），以期观察三类行业的劳动者在结束第一份工作后选择进入第二、三类行业的情况。同时加入不同的控制变量，对比三类行业劳动者在三类行业转换选择间的多种情况下的差异，更加准确界定去产能重点影响行业的劳动者相比于其他两类行业的劳动者是否更多地流出本行业。

$$Y_{3B} = \alpha_4 + \beta_{13}N_2 + \beta_{14}N_3 + \beta_{15i}X_i + \beta_{16i} year_i + \varepsilon_4 \quad (4)$$

$$Y_{3C} = \alpha_5 + \beta_{17}N_2 + \beta_{18}N_3 + \beta_{19i}X_i + \beta_{20i} year_i + \varepsilon_5 \quad (5)$$

基准组为 N_1，即第一份工作属于第一类去产能重点影响行业的劳动者。根据多元线性回归方程（4）（5）所得的 Logit 回归结果如表 5-10 所示。

表 5-10　　　　　　就业行业转换选择的进一步比较检验结果汇总

	Y_{3A}（第一类行业）		Y_{3B}（第二类行业）		Y_{3C}（第三类行业）	
	（1）N_2	（2）N_3	（3）N_2	（4）N_3	（5）N_2	（6）N_3
基础模型	−0.0920*** (0.00846)	−0.125*** (0.0140)	0.287*** (0.0325)	−0.00373 (0.0245)	−0.0701*** (0.0208)	0.196*** (0.0219)
加入控制变量	−0.0942*** (0.00911)	−0.124*** (0.0149)	0.306*** (0.0308)	0.00410 (0.0235)	−0.0947*** (0.0211)	0.181*** (0.0212)

注：表内为 Logit 模型结果，各系数均是自变量对因变量的平均边际效应，且为稳健标准误下的结果。*** $p<0.01$，** $p<0.05$，* $p<0.1$。控制变量包括人口特征变量、教育水平变量、发生工作转换年份变量和东部中部西部东北部等地区变量。

根据表 5-10 中的汇报结果可得如下主要结论。

第一，第二类行业劳动者相比于第一类行业的劳动者更多地流向本行业，次之是流向第三类行业，流向第一类行业最少。主要表现为：如第（3）列显示，第一份工作属于第二类行业的劳动者在工作转换时，比第一类行业的劳动者更多地流向第二类行业，平均概率高 30.6%；第（1）列显示，第一份工作属于第二类行业的劳动者在发生工作转换时，流向去产能重点影响行业（第一类行业）的比第一类行业内的劳动者要平均少 9.20%—9.42%，而第（5）列显示，属于第二类行业的劳动者在工作转换时，流向第三类行业的比第一类行业的劳动者显著要少 7.01%—9.47%，即相对而言，第二类行业劳动者在就业转换选择第三类行业和第一类行业之间，流向第一类行业的更少，劳动者就业转换到第一类行业的意愿相对较低。

第二，第三类行业劳动者相比于第一类行业劳动者更多地流向本行业，流向第二类行业的差异不显著，流向去产能重点影响行业最少。主要表现为：如表中第（2）列，第一份工作属于第三类行业的劳动者，在工作转换时，流向去产能重点影响行业的比第一类行业的劳动者要少 12.4 个百分点左右；表中第（4）列显示，第一份工作属于第三类行业的劳动者，比第一类行业的劳动者更多地流向第二类行业，但未通过显著性检验；表中第（6）列显示，第一份工作属于第三类行业的劳动者，在工作转换时，流向第三类行业的比第一类行业的劳动者显著要高约 18 个百分点。

第三，去产能重点影响行业内劳动者在就业转换时，一方面是在原所属行业内部进行工作转换，另一方面是流出本行业转向第三类行业。具体表现为：表中第（1）（2）列，第二、三类行业内的劳动者在工作转换时流入第一类行业（去产能重点影响行业）的关键系数均为负值，即第一类行业的劳动者相对更多地流入本行业。同时，表中第（5）列显示，第二类行业内劳动者在工作转换时转入第三类行业的比例均为负值，即第一类行业内劳动者转入第三类行业的比例要高于第二类行业劳动者；但第（3）列显示第二类行业内劳动者工作转换转入第二类行业的系数均为正值，即第一类行业内劳动者转入第二类行业的比例要低于第二类行业的劳动者。

四 本章小结

本章基于经有效处理后的 CHIP2013 数据，运用 Logit 回归模型，从微观实证的角度来验证受去产能重点影响行业内劳动者的就业表现情况，剖析了受重点影响行业内劳动者相对于其他行业劳动者的工作是否更易变动，在工作变动后是否更多地转为失业状态。本章还探讨了工作转换时三类行业劳动者在就业结构转换时行业选择的差异，并获得了一些重要结论。

（一）描述性统计结论

从工作变动和失业方面看，第三类行业劳动者相比于另外两类行业劳动者发生工作变动的比例更低，第二类行业的劳动者与去产能重点影响的第一类行业内的劳动者相比，二者在工作变动方面的比例相差不大。当进一步看失业情况的话，则第二类行业的劳动者转向失业的比例更低，即工作变动比例接近的情况下，去产能重点影响的第一类行业劳动者的失业比例更高。从工作转换的就业行业选择方面来看，在第一份工作转向第二份工作时，三类行业的劳动者都更多地流向第三类行业。另外两类行业的劳动者流入去产能重点影响行业（第一类行业）的比例都很低，仅为1.29%和2.62%。

（二）回归分析结论

从Logit回归分析观察上述研究结果，进一步验证了各类行业的劳动者在工作变动、失业和就业行业选择间的差异是显著的。具体为：

第一，在工作变动方面，第三类行业的劳动者比去产能重点的第一类行业劳动者的工作更稳定。第二类行业的劳动者虽然在工作变动方面与第一类行业的劳动者没有显著差异，但其工作变动后的结果更多的是重新就业，而变动为失业情况的概率显著更低。

第二，在结束第一份工作转向第二份工作的行业类别选择时，相比于第一类行业的劳动者，另外两类行业的劳动者选择从事第一类行业可能性更低。在控制住人口统计特征变量和教育水平变量后，它们之间的差异仍然显著。第二类和第三类行业的劳动者相比于第一类行业的劳动者转向去产能重点影响行业的概率分别要低9和12个百分点左右。

第三，从进一步的Logit回归分析检验结果看，即从三类行业的劳动者就业结构转换在行业选择方面的差异可以得知，第二类行业的劳动者相比于第一类行业的劳动者更多地流向本行业，次之是流向第三类行业，流向第一类行业最少。第三类行业的劳动者相比于第一类行业的劳动者也是更多地流向本行业，次之是流向第二类行业，流向去产能重点影响行业的最少。而去产能重点影响行业的劳动者在就业结构转换进行行业选择时，一方面是在本行业内部重新分配，另一方面主要是流向第三类行业。

第 6 章
去产能政策就业影响实证评估

一 政策单年就业效果双重差分法评估

通过前文对政策的梳理可以得知,自 1997 年后几乎每年国务院政府工作报告都会有"去产能"内容及其相关表述,而国家"五年规划(计划)"纲要中"去产能"的力度也是自"九五"计划后逐渐加强。为检验政策的单年劳动力市场效果,本节以国务院政府工作报告为准,将 1997 年前未开始实施去产能政策的时间作为参照基准,建立实证评估模型,比较 1997 年及之后每年政策的就业效果。

(一)方法简介

本节仍然沿用前文研究设计,使用两个主要因变量 Y_1 和 Y_2,分别探究去产能政策在工作变动和失业方面的影响效果。自变量为第一份工作是否从事第一类行业(N_1),第一份工作是否从事第二类行业(N_2),第一份工作是否从事第三类行业(N_3)。X_i 仍然与前文一致,表示性别、健康水平、年龄、党员情况、户口性质、婚姻状况、教育状况等若干控制变量。[①] 具体模型如下:

$$Y_1 = \alpha_6 + \beta_{21}N_2 + \beta_{22}N_3 + \beta_{23}X_i + \beta_{24i}year_i + \sum \beta_{2j}N_2 year_j + \sum \beta_{3j}N_3 year_j + \varepsilon_6 \qquad (6)$$

---

① 模型中具体变量的描述性统计,参见第五章第三节,此处不再赘述。

$$Y_2 = \alpha_7 + \beta_{25}N_2 + \beta_{26}N_3 + \beta_{27}X_i + \beta_{28i}\,year_i + \sum \beta_{2j} N_2\, year_j + \sum \beta_{3j} N_3\, year_j + \varepsilon_7 \qquad (7)$$

本部分选用双重差分法（Difference-in-differences，DID）作为政策就业效果的评估方法。去产能重点影响的第一类行业（N_1）本来应该作为实验组加入评估模型中，但是由于本部分设置了另外两类行业（N_2 和 N_3）作为对照，因此本部分对常规的 DID 方法做了一些改进，像前文一样仍然选择将第一类行业（N_1）作为基准组。当然，根据双重差分法的原理，为了检验政策在当年的就业影响，在回归模型（6）和（7）中加入了行业与年份两个虚拟变量的交叉项（$N_2 year_j$、$N_3 year_j$），其中 $year_j$（j = 1997,…,2014）表示第一份工作结束在 1997—2014 年期间的时间点，基准时间为去产能政策实施前的所有年份（1997 年前统一为基准组）。第一份工作结束时间年份分布如下（见表6-1）。

表6-1　　　　　　　　　第一份工作结束时间点分布统计

第一份工作结束年份	频数	百分比（%）	累计百分比（%）
1997年前	2399	—	17.89
1997	280	2.09	19.98
1998	351	2.62	22.6
1999	273	2.04	24.64
2000	402	3.00	27.64
2001	356	2.66	30.29
2002	361	2.69	32.99
2003	362	2.70	35.69
2004	413	3.08	38.77
2005	322	2.40	41.17
2006	376	2.80	43.97
2007	342	2.55	46.52
2008	434	3.24	49.76
2009	373	2.78	52.54

续表

第一份工作结束年份	频数	百分比（%）	累计百分比（%）
<u>2010</u>	<u>450</u>	<u>3.36</u>	<u>55.9</u>
2011	364	2.72	58.62
<u>2012</u>	<u>441</u>	<u>3.29</u>	<u>61.91</u>
2013	373	2.78	64.69
2014	161	1.20	65.89
工作未结束	4573	34.11	100
总计	13406	100	

注：表中下划线的数据表明该年第一份工作结束的样本较多。表中统计数据来源于CHIP2013，其中样本中"1997年前"统计区间为1951—1996年。对于工作未结束的样本，因为研究需要，将其第一份工作结束时间设置为调查数据结束后的2015年。

如表6-1所示，1997年前作为基准组共有2399个样本在此区间发生了工作变动或失业，占发生就业结构转换样本的17.89%。其余年份中则是在2000年、2004年、2008年、2010年和2012年发生工作状态变动的样本较多，均超过400个样本，其中2010年发生工作变动的样本最多，达到450人，占3.36%。

（二）工作变动的单年政策影响评估

根据多元回归方程（6），以 Y_1 为因变量，加入不同控制变量，对1996年后的每年政策效果进行评估，探究工作变动的影响程度。回归结果整理如下（见表6-2）。

表6-2　　　　　　　　工作变动的各单年政策效果汇总

第二类行业各单年政策影响			第三类行业各单年政策影响		
(1)	(2)	(3)	(4)	(5)	(6)
N2_Y1997	0.0509	0.125*	N3_Y1997	0.0648	0.135**
N2_Y1998	−0.0229	−0.024	N3_Y1998	−0.0173	−0.0093
N2_Y1999	0.136	0.164*	N3_Y1999	0.144	0.206**

续表

第二类行业各单年政策影响			第三类行业各单年政策影响		
(1)	(2)	(3)	(4)	(5)	(6)
N2_Y2000	0.0267	0.0407	N3_Y2000	0.0134	0.0649
N2_Y2001	0.116	0.162**	N3_Y2001	0.138**	0.195**
N2_Y2002	0.0526	0.0538	N3_Y2002	0.000412	0.00348
N2_Y2003	0.0913	0.148*	N3_Y2003	0.0624	0.0889
N2_Y2004	0.0543	0.072	N3_Y2004	0.0548	0.0827
N2_Y2005	0.118	0.101	N3_Y2005	0.0576	0.0603
N2_Y2006	0.153	0.244**	N3_Y2006	0.0516	0.115
N2_Y2007	0.134	0.162	N3_Y2007	0.0342	0.0768
N2_Y2008	−0.0221	−0.0199	N3_Y2008	−0.0141	0.000684
N2_Y2009	0.093	0.055	N3_Y2009	0.109	0.0856
N2_Y2010	0.0472	0.0818	N3_Y2010	0.0386	0.0921
N2_Y2011	0.0807	0.152*	N3_Y2011	0.105	0.204**
N2_Y2012	−0.00479	0.0631	N3_Y2012	−0.0211	0.0312
N2_Y2013	−0.0434	0.0553	N3_Y2013	−0.0721	0.0322
N2_Y2014	−0.179	−0.203	N3_Y2014	−0.127	−0.0909
N2_Y2015	0.027	0.0519**	N3_Y2015	0.0393**	0.0706***

注：表中结果根据回归模型（6）的运算结果整理所得，第（1）（4）列分别表示第二类、第三类行业与各单年的交叉项，即去产能政策对该类行业在该年产生的工作变动影响效果。表中第（2）（5）列是在控制虚拟变量（性别、年龄、年龄平方、婚姻、民族、中共党员、城镇户口、健康、教育水平分类、各省级地区）后的结果，表中第（3）（6）列在前面控制变量的基础上进一步控制了行业与各省份的交叉项。2015年是将工作未结束的群体进行特殊处理的年份，故不考虑该年工作变动的政策影响。表中回归结果均是稳健标准误下的结果。*** $p<0.01$，** $p<0.05$，* $p<0.1$。回归的详细结果见附录C。

根据表6-2整理的结果，第（2）列各系数均未通过显著性检验，即去产能政策在1997—2014年间的各个单年中，第二类行业的劳动者相比去产能重点影响的第一类行业的劳动者在工作变动方面并无显著差异。第（5）列只有2001年系数通过5%的统计水平检验，即第三类行业的劳动者相比去产能重点影响的第一类行业劳动者在2001

年工作变动的概率要高 13.8%。

鉴于宏观经济因素在各年的变化对不同省级地区的影响存在差异，可能会影响各年去产能政策对工作变动的真实效果，故本部分又在模型中加入工作转换年份虚拟变量与各省份虚拟变量的交叉项，进一步控制各省不同年份的其他经济因素的影响，尽量降低其他因素对实证结果的干扰。回归结果如表 6-2 中第（3）和（6）列所示。

为更好地分析政策对各单年工作变动的影响效果，本部分将上表中第（3）（6）列结果转换成折线图，更加清晰展示各单年下第二类行业和第三类行业的劳动者与第一类行业劳动者在工作变动方面的差异，厘清去产能在工作变动方面的政策效应。

根据表 6-2 中第（3）列回归结果整理的折线图 6-1，可以得出以下一些主要结论。

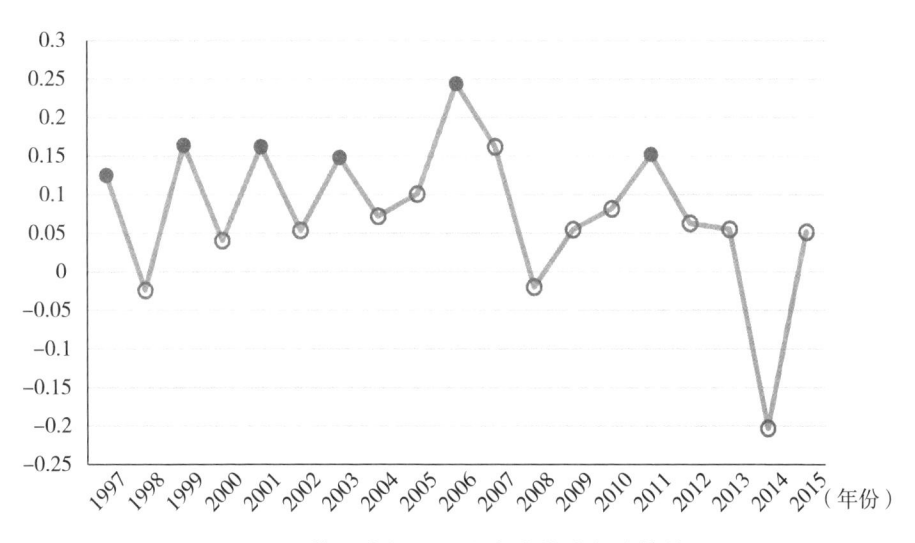

图 6-1　第二类行业工作变动的单年政策效果

注：该折线图根据表 6-2 中第（3）列所示结果画出，图中空心点表示在该年的回归结果不显著。

第一，去产能政策在多数年份对第二类行业劳动者工作变动的影响与去产能重点影响行业劳动者相比无明显差异性。以 1997 年前去产能政策未开始实施的阶段作为对照，1997年及之后的多数年份与第二类行业劳动者的交叉项系数未通过显著性检验，即第二类行业的劳动者相比去产能重点影响行业劳动者在这些年份的政策影响下并未有明显的工作变动情况出现。

第二，去产能政策对工作变动的影响效应未表现出持续性。由图6-1可以看出，整体曲线波动比较频繁，往往是前一年政策对第二类行业劳动者工作变动产生显著影响，而接下来一年的政策影响又不显著。具体表现为1997年、1999年、2001年和2003年等都是每间隔一年的政策才体现出对第二类行业劳动者工作变动的显著影响。

第三，政策对工作变动的影响效果呈现一定的周期性。政策对工作变动的影响效果与国家"五年规划（计划）"纲要的实施表现出相似的变化规律，即在各"五年规划（计划）"纲要实施的第一年政策对第二类行业劳动者工作变动的影响都比较显著，其余年份效果逐渐减弱且不显著。具体表现为2006—2010年"十一五"规划和2011—2015年的"十二五"规划这两个阶段，在2006年和2011年政策都显著地导致第二类行业劳动者的工作变动，分别比第一类去产能重点影响行业劳动者发生工作变动的概率高24.4%和15.2%，而此后年份的影响都不显著。究其原因可能是由于我国劳动力市场的效果受到政府政策和市场自身规律的双重影响。一方面，在政策实施之初力度较大，因此劳动力市场效果主要受其主导影响，另一方面，当政策实施一段时间后，原先政策制定的目标逐渐完成，政策效果逐渐减弱并逐步让位于市场自身规律的调节，从而出现上述现象。

根据表6-2中第（6）列回归结果整理的折线图6-2，可以得出以下一些主要结论：

第三类行业政策单年的工作变动影响效果表现出和第二类行业单年政策效果变化折线图类似的变化情况，但在政策效果显著的相同年份，第三类行业的劳动者比第二类行业的劳动者发生工作变动的概率更大。比如在 2001 和 2011 年，第三类行业的劳动者相比于去产能影响的第一类行业劳动者，发生工作变动的概率分别要高 19.5 和 20.4 个百分点，而第二类行业劳动者在相同年份发生工作变动的概率只比第一类行业高 16.2 和 15.2 个百分点。

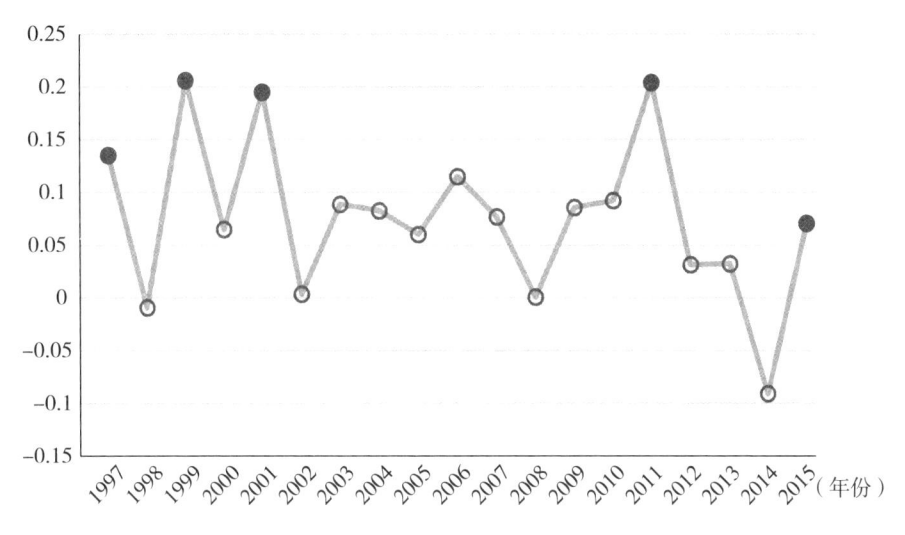

图 6-2 第三类行业工作变动的单年政策效果

注：该折线图根据表 6-2 中第（6）列所示结果画出，折线图中的空心点表示在该年的回归结果未通过显著性检验。

当然，第三类行业政策单年的工作变动影响效果也表现出同样的周期性。如在 2001 年"十五"计划纲要开始实施的第一年，第三类行业的劳动者发生工作变动的概率是显著正值，此后各年影响效果未通过检验，政策对工作变动的影响程度减弱。十年后，即 2011 年"十二五"规划纲要实施的第一年，第三类行业的劳动者发生工作变动的概率重新表现为显著正值，此后政策效果又逐渐减弱。

（三）工作转失业状态的单年政策影响评估

根据多元回归方程（7），以 Y_2 为因变量（是否第一份工作结束后转为失业状态，是为 1，否为 0），再加入不同的控制变量，评估 1996

年后的每年政策对工作结束转失业的具体影响效果。回归结果整理如下：

根据表6-3整理的结果，第（2）列各系数在2002年、2003年、2005年和2014年通过显著性检验，即去产能政策在以上四个年份对第二类行业劳动者产生的失业影响概率分别要比去产能重点影响的第一类行业要低18.2%、25.7%、25.4%和28.4%。第（5）列只有2003年政策对失业的影响通过显著性检验，即去产能政策在2003年对第三类行业劳动者产生的失业影响概率比第一类行业要低23.1%。其他年份虽然系数多数为负值，但是并未通过显著性检验，也就是说受去产能重点影响的第一类行业与其他类行业在多数年份并未呈现显著的失业差异。

表6-3　　　　　　　　　转失业状态的各单年政策效果汇总

第二类行业单年政策的失业影响			第三类行业单年政策的失业影响		
（1）	（2）	（3）	（4）	（5）	（6）
N2_Y1997	−0.0181	−0.00813	N3_Y1997	−0.00275	−0.0288
N2_Y1998	−0.131	−0.0951	N3_Y1998	−0.0939	−0.156
N2_Y1999	0.0619	−0.0025	N3_Y1999	0.0793	0.0256
N2_Y2000	−0.000731	−0.00256	N3_Y2000	−0.0619	−0.0327
N2_Y2001	0.0735	0.103	N3_Y2001	0.0505	0.0625
N2_Y2002	−0.182**	−0.134	N3_Y2002	−0.049	−0.0552
N2_Y2003	−0.257***	−0.220**	N3_Y2003	−0.231**	−0.219**
N2_Y2004	−0.0974	−0.0537	N3_Y2004	−0.121	−0.104
N2_Y2005	−0.254**	−0.19	N3_Y2005	−0.175	−0.144
N2_Y2006	−0.0989	−0.0563	N3_Y2006	−0.034	−0.0165
N2_Y2007	−0.139	0.00489	N3_Y2007	−0.181	−0.011
N2_Y2008	−0.0873	−0.0997	N3_Y2008	−0.0284	−0.0614
N2_Y2009	−0.0443	−0.0197	N3_Y2009	−0.0309	−0.0278
N2_Y2010	−0.13	−0.0749	N3_Y2010	−0.131	−0.108
N2_Y2011	−0.0508	−0.0793	N3_Y2011	−0.0253	−0.0885
N2_Y2012	−0.119	−0.109	N3_Y2012	−0.114	−0.119

续表

第二类行业单年政策的失业影响			第三类行业单年政策的失业影响		
（1）	（2）	（3）	（4）	（5）	（6）
N2_Y2013	−0.0281	0.0304	N3_Y2013	0.0581	0.105
N2_Y2014	−0.284**	−0.291**	N3_Y2014	−0.183	−0.164
N2_Y2015	0.0369	0.0347	N3_Y2015	0.0543*	0.04

注：表中结果根据回归模型（7）的运算结果整理所得，第（1）（4）列分别表示第二类、第三类行业与各单年的交叉项，即去产能政策对该类行业在该年产生的工作转失业状态的影响效果。表中第（2）（5）列是在控制以下虚拟变量（性别、年龄、年龄平方、婚姻、民族、中共党员、城镇户口、健康、教育水平分类、各省级地区）的结果，表中第（3）（6）列在前面控制变量的基础上进一步控制了行业与各省份的交叉项。2015年是把工作未结束的群体工作结束时间进行特殊处理的年份，故不考虑该年政策产生的失业影响。表中回归结果均是稳健标准误下的结果。*** $p<0.01$, ** $p<0.05$, * $p<0.1$。具体结果见附录C。

同样地，考虑到其他宏观经济因素在各年的变化对不同省级地区的影响存在差异，所以在此部分回归中也加入工作转换年份虚拟变量与各省份的虚拟变量交叉项，以进一步控制各省不同年份的其他经济因素对去产能政策真实就业效果的额外影响。回归结果如表6-3中第（3）列和第（6）列所示。

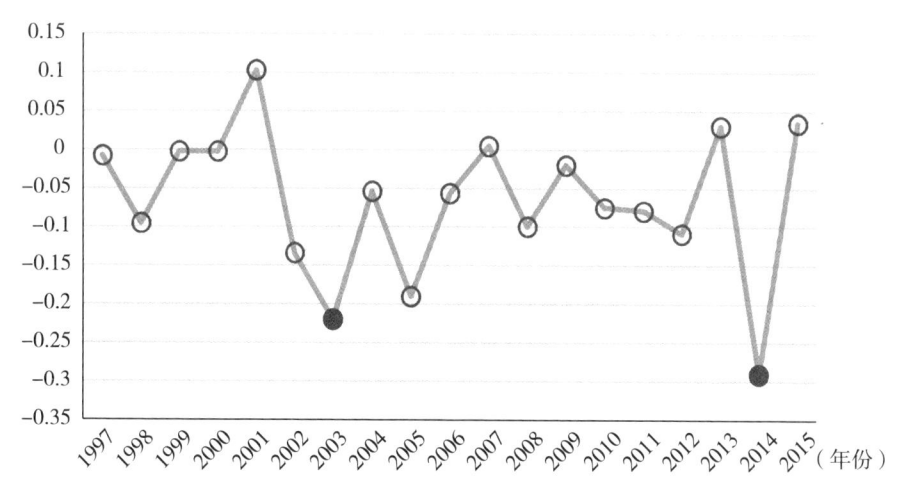

图6-3 第二类行业转失业的单年政策效果

注：该折线图根据表6-3中（3）列所示结果画出，折线图中的空心点表示在该年的回归结果未通过显著性检验。

为更好地分析政策对各单年工作转失业状态的影响效果,本部分将上表中第(3)(6)列结果也转换成折线图,从而更加清晰展示各单年下第二类行业和第三类行业的劳动者相比去产能重点影响行业劳动者在工作转失业方面的政策效应差异。

根据表6-3中第(3)列回归结果整理出的折线图6-3,可以得出以下一些主要结论:

第一,政策在多数年份对第一类行业劳动者造成的失业影响与对第二类行业劳动者造成的失业影响无显著差异性。虽然多数年份的回归系数为负值,表明第二类行业内的劳动者在1997年开始实施去产能政策后,相比第一类行业内劳动者具有更低的概率会在结束第一份工作后转为失业状态。但是多数回归系数并未通过显著性水平检验,即我们可以认为去产能政策并未对第一类行业的劳动者产生明显多于第二类行业的失业。

第二,政策对失业影响显著的年份表现出集中性。从回归结果中可以看出,只存在两个系数通过显著性检验的年份:2003年和2014年。在2003年和2014年,政策对第二类行业的劳动者产生的失业影响概率分别比去产能重点影响的第一类行业要低22.0个百分点和29.1个百分点。第四章宏观数据的分析也显示2003年是重点行业产量由高转低的年份,宏观和微观层面的实证前后相互印证。当然除了这两年,其他年份的系数均未通过显著性检验,即去产能并未造成重点行业内劳动者的明显性失业。

第三,政策单年对失业的影响变化具有一定规律性。由回归结果可以看出,去产能政策对失业的各年影响变化规律与政府的任期变化较为接近。在新一届政府任期开始之时,往往去产能政策产生的失业影响显著(2003年),此后各年效果逐渐减弱。至下一届政府任期开始之初(2014年),政策的影响效果重新显著,此后再逐渐减弱。

第四,政策效果显著的年份表现出对重点影响行业造成失业的高概率性。与前文政策对工作变动的影响效果结合看，可以得知去产能在一些年份对第二类行业劳动者工作变动的概率有显著正影响，即第二类行业的劳动者比去产能重点影响行业更容易发生变动，如 2003 年。然而，同样在 2003 年，去产能造成的第二类行业劳动者的失业概率低于去产能影响重点行业。二者结合起来可以得到这样的一个结论：去产能政策的实施，使得第二类行业劳动者相比去产能重点影响行业劳动者更多的是发生工作转岗等这类情况的工作变动，而不是导致其失业概率的增加。也就是说，去产能政策在一些年份对其重点影响的行业内劳动者产生了相对较高的失业概率。

根据表 6-3 中第（6）列回归结果整理的折线图 6-4，可以得出以下一些主要结论。

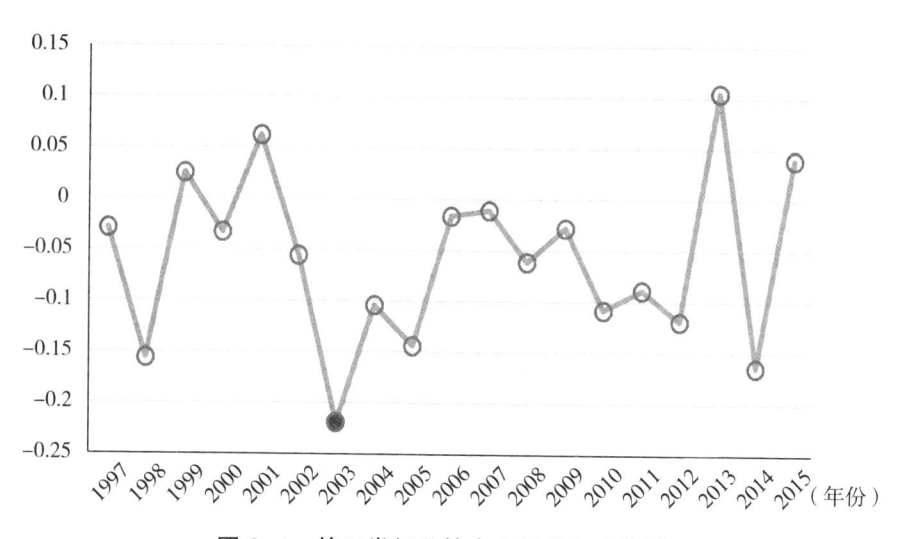

图 6-4 第三类行业转失业的单年政策效果

注：该折线图根据表 6-3 中第（6）列所示结果画出，折线图中的空心点表示在该年的回归结果未通过显著性检验。

在结束第一份工作转为失业状态方面，政策在各单年对第三类行业劳动者的影响表现出和第二类行业单年政策的影响相似的变化，但政策对第三类行业劳动者的失业影响效果显著的年份仅有 2003 年。在控制了政策对不同省份的行业影响差异后，去产能政策对第三类行业劳动者在2003年造成的失业概率要比去产能重点影响行业劳动者低21.9%。另外，其他年份政策的失业影响系数未通过显著性检验，即在去产能政策实施前后，第一类行业劳动者与第三类行业劳动者之间并没有显著的失业差异。

结合前文政策单年对第三类行业劳动者产生的工作变动影响结果看，虽然政策对第三类行业劳动者在1997年、1999年、2001年和2011年造成了较高的工作变动概率（见表6-2），但是通过单年政策对第三类行业劳动者产生的失业影响效果看，在以上年份第三类行业劳动者并没有出现显著较高的失业概率（唯一显著的年份是2003年，但失业概率为显著负）。也就是说，相比第一类行业劳动者，虽然去产能政策造成了第三类行业劳动者在某些年份的工作变动，但工作变动的结果不是显著的失业，更多的是发生了工作转岗。

二 政策长期就业效果双重差分法评估

政策从发布到落实期间往往存在一定的时滞性，尤其是涉及经济转型、产业转型升级、结构调整等宏观性政策，其落实往往不是一蹴而就的，从政策制定到实际执行再到产生效果往往需要一段时间才能体现。考虑到政策的时滞性和确保结果的稳健性，本部分进一步对政策的长期效果进行分析，以期能够更加有效客观地反映出政策的真实就业效果。

关于对政策的长期就业效果的评估，本部分拟从两方面着手：第一，根据前文对单年政策就业效果进行分析所反映出的"有趣的规律"，即政策就业效果和国家领导任期有一定的吻合性，因此本部分会按照国家领导的五年任期进行时间段划分来检验政策的实施效果。第二，我国的经济发展规划往往是通过一个个"五年规划（计划）"来实现，通过前文对"五年规划（计划）"的梳理也可以清晰发现去产能政策在不同阶段的变化。因此，本部分也会根据"五年规划（计划)"的实施周期来划分时间段,对政策的长期就业效果进行检验。

(一)按政府任期划分的政策就业效果

考虑到我国党和国家领导人换届、政府部门换届均具有稳定有序的特征,且不同的党和国家领导班子也会根据当下国情调整经济政策的侧重点,因此本节考虑按党和国家主要领导人任期的时间节点作为划分依据,来检验政策实施的就业效果。

1.五年政府任期效果评估

鉴于前文单年政策效果所体现出的与政府任期吻合的规律,本部分尝试按照五年政府任期划分阶段,检验政策的就业效果。具体划分如下:先以实行改革开放的时间为节点,即1978年及之前年份(Y78b)归为一类;之后按照每五年作为宽度进行划分,分别是 1978—1983 年 (Y7883), 1983—1988 年 (Y8388), 1988—1993 年(Y8893), 1993—1998 年 (Y9398), 1998—2003 年 (Y9803), 2003—2008 年(Y0308), 2008 年后(Y08a)几个阶段。[①]

本节仍然使用双重差分法(Difference-in-differences, DID),分别以 Y_1 和 Y_2 为因变量,加入不同的控制变量,探究政策实施的就业效果,具体回归结果如表6-4所示。

当 Y_1 为因变量时,即关于政策对工作变动的影响,政府各五年任期的政策影响效果分析如下。

第二类行业:关于对第二类行业劳动者工作变动的影响,总体来看各五年政府任期内并未产生与去产能重点影响行业劳动者显著的工作变动差异。以1993—1998年为基准组,从表6-4中可以看出,第(1)列是未控制其他变量的基础回归,各任期内的政策对第二类行业劳动者的工作变动影响不显著。在控制更多变量后,如第(3)列所示,

---

① 每个阶段的时间划分,均为后一年包括在此阶段,比如1998—2003年为1998年至2003年,不包括1998年,但包括2003年。

第二类行业劳动者在1998—2003年（去产能刚开始实施的五年）发生工作变动的概率显著比第一类行业劳动者要高8.72%，其他任期内第二类行业劳动者相比去产能重点影响行业的劳动者工作变动效果不显著。

第三类行业：关于对第三类行业劳动者工作变动的影响，总体来看多个五年政府任期内并未产生与去产能重点影响行业劳动者显著的工作变动差异。在未控制其他变量的基础回归组（第（1）列）结果显示，第三类行业劳动者在2008年后发生工作变动的概率比第一类要低10.9%，即第三类行业劳动者在2008年后工作更稳定。而在控制更多变量后，第三类行业劳动者在去产能实施前后的任期内都有显著工作变动（1993—1998年为基准组）。如第（3）列所示，第三类行业劳动者在1983—1988年期间和1998—2003年期间，发生工作变动的概率分别比第一类行业劳动者要高11.2%和8.93%。当然这还需要根据在此期间是否有显著性失业来进一步判断政策的真实就业影响。

当Y_2为因变量时，即关于政策引起失业的影响，政府各五年任期下的政策影响效果总结如下：

关于失业情况，在不控制省份与工作转换年份的虚拟变量交叉项时，第二类行业劳动者在2003—2008年期间发生失业的概率比去产能重点影响的第一类行业要低11.3%（第（5）列）。当然，从总体来看，政策造成的失业影响在去产能实施后并不显著，主要表现为几乎各个任期内的失业影响系数均不显著。如表6-4中第（6）列，在控制更多变量时，去产能政策实施后的各个五年任期对第二、三类行业的劳动者产生的失业影响都不显著。由此，结合前文工作变动的影响评估结果可以判定，虽然第二、三类行业的劳动者在某阶段任期内发生工作变动的概率要高于去产能重点影响行业的劳动者，但第二、三类行业劳动者工作变动的结果并不是转为失业。

表 6-4　　　　　　政府五年任期的政策就业效果回归结果

变量	(1) Y_1	(2) Y_1	(3) Y_1	(4) Y_2	(5) Y_2	(6) Y_2
N2_Y78b	0.0110 (0.0301)	0.0841** (0.0353)	0.0631 (0.0400)	0.0444 (0.0883)	0.0358 (0.0953)	−0.131 (0.139)
N2_Y7883	−0.0284 (0.0375)	0.00675 (0.0453)	0.00548 (0.0698)	0.00961 (0.113)	−0.0319 (0.107)	0.183 (0.208)
N2_Y8388	−0.00760 (0.0477)	−0.0278 (0.0547)	0.0399 (0.0591)	−0.0721 (0.0859)	−0.0520 (0.0765)	−0.0589 (0.0945)
N2_Y8893	0.00817 (0.0459)	−0.0130 (0.0495)	−0.0557 (0.0584)	−0.00393 (0.0762)	0.00606 (0.0711)	−0.0380 (0.0774)
N2_Y9803	0.0622 (0.0450)	0.0748* (0.0436)	0.0872* (0.0463)	−0.0591 (0.0603)	−0.0584 (0.0567)	−0.0513 (0.0646)
N2_Y0308	0.0902 (0.0568)	0.0778 (0.0554)	0.0831 (0.0604)	−0.125* (0.0690)	−0.113* (0.0664)	−0.0728 (0.0751)
N2_Y08a	−0.0398 (0.0399)	0.0196 (0.0335)	0.0342 (0.0359)	−0.0225 (0.0483)	−0.00804 (0.0447)	−0.00742 (0.0514)
N3_Y78b	0.0217 (0.0289)	0.0826** (0.0321)	0.0327 (0.0356)	0.0746 (0.0801)	0.0729 (0.0893)	0.0232 (0.123)
N3_Y7883	0.00580 (0.0303)	0.0270 (0.0361)	−0.00646 (0.0619)	−0.0189 (0.105)	−0.0303 (0.0990)	0.143 (0.200)
N3_Y8388	0.0492 (0.0436)	0.0452 (0.0517)	0.112** (0.0544)	−0.0879 (0.0825)	−0.0916 (0.0730)	−0.0734 (0.0923)
N3_Y8893	−0.00170 (0.0443)	−0.0103 (0.0472)	−0.0459 (0.0549)	0.0389 (0.0731)	0.0527 (0.0685)	0.0474 (0.0707)
N3_Y9803	0.0619 (0.0437)	0.0734* (0.0421)	0.0893** (0.0454)	−0.0380 (0.0581)	−0.0371 (0.0548)	−0.00623 (0.0624)
N3_Y0308	0.0669 (0.0556)	0.0444 (0.0541)	0.0507 (0.0592)	−0.106 (0.0670)	−0.0840 (0.0649)	−0.0254 (0.0730)
N3_Y08a	−0.109*** (0.0376)	0.0403 (0.0319)	0.0564 (0.0349)	−0.0122 (0.0460)	0.0163 (0.0429)	0.0376 (0.0496)
人口特征等		控制	控制		控制	控制
省份虚拟变量		控制	控制		控制	控制
工作转换年份		控制	控制		控制	控制
省份*年份			控制			控制

续表

变量	(1) Y_1	(2) Y_1	(3) Y_1	(4) Y_2	(5) Y_2	(6) Y_2
观测值	12768	12758	12758	12768	12758	12758
R方	0.442	0.733	0.753	0.047	0.144	0.254

注：表中第（1）（2）（3）列是以 Y_1 为因变量的结果，第（4）（5）（6）列是以 Y_2 为因变量的结果。时间阶段划分的参照组为1993—1998年（Y9398），以1997年去产能开始实施为依据。最左边一列变量分别表示第二类、第三类行业与各五年政府任期的交叉项，即去产能政策对该类行业劳动者在该任期的就业影响效果。控制的人口特征等虚拟变量包括性别、年龄、婚姻、民族、中共党员、城镇户口以及教育水平分类。此处省份虚拟变量未划分为东、中、西和东北部，是各省份的虚拟变量。第（3）（6）列还控制了各省份与不同年份的交叉项。括号内为稳健标准误。*** $p<0.01$，** $p<0.05$，* $p<0.1$。

2.十年政府任期效果评估

考虑到宏观政策的时滞性带来的更长时间才能体现政策效果的可能性，并且单年政策的评估也体现出十年周期的有序波动规律。所以本部分也试图通过拉长时间划分间隔的方法来进一步检验政策效果，即检验十年政府任期为时间段的政策效果。具体时间阶段划分如下：1983年及之前的年份（Y83b），1983—1993年（Y8393），1993—2003年（Y9303），2003年后（Y03a）四个时间段。本部分仍然使用双重差分法（Difference-in-differences，DID），分别以 Y_1 和 Y_2 为因变量，加入不同的控制变量，探究每个十年政府任期中去产能政策对就业的影响效果，具体回归结果如表6-5所示。

根据表格6-5的回归结果，在拉长评估的政策时间划分宽度后，去产能政策对劳动者的就业影响并不明显。具体结果如下。

第一，当 Y_1 为因变量时，第二类、第三类行业的劳动者在去产能政策实施后相比于第一类行业均未表现出显著的工作变动差异。在不控制其他变量的基础回归组（第（1）列），第二类行业的劳动者在去产能政策实施前（1983年前）工作变动的概率要低于第一类行业，以及第三类行业的劳动者在去产能政策实施后（2003年后）工作变动的概率低于去产能重点影响的第一类行业。然而，控制更多变量后各行业间劳动者的工作变动差异并不显著。如第（2）（3）列所示，无论是否控制人口特征变量、省份虚拟变量还是控制宏观经济因素对各省不同年份的差异等影响变量，各系数均未通过显著性检验。

第二，当 Y_2 为因变量时，去产能政策对失业的影响效果仍然不明显，即在各个十年任期阶段并未表现出明显性的失业。如第（4）（5）（6）列所示，无论是否控制更多影响变量，第二类和第三类行业的劳动者在不同十年任期阶段内的系数都未通过显著性检验，即与去产能重点影响的第一类行业劳动者间不存在显著的失业差异。

结合五年任期的就业效果看，虽然在五年的任期内，第二类行业的劳动者会有较高的工作变动概率，但无明显的失业。当时间延长到十年，各行业间的工作变动差异也不显著，也无显著的失业差异，总体就业稳定。也就是说，在政府的各个十年任期阶段，去产能政策的实施并未造成其重点影响的行业内劳动者相比于其他类行业的劳动者有明显的工作变动或失业。

表 6-5　　　　　　　　政府十年任期的政策就业效果回归结果

变量	(1) Y_1	(2) Y_1	(3) Y_1	(4) Y_2	(5) Y_2	(6) Y_2
N2_Y83b	−0.0430* (0.0259)	0.00291 (0.0300)	−0.0133 (0.0388)	0.0677 (0.0712)	0.0371 (0.0714)	0.0545 (0.120)
N2_Y8393	−0.0319 (0.0342)	−0.0605 (0.0372)	−0.0680 (0.0425)	0.000852 (0.0559)	0.0136 (0.0515)	−0.0158 (0.0584)
N2_Y03a	0.0214 (0.0337)	−0.00705 (0.0268)	−0.00253 (0.0281)	0.00805 (0.0347)	0.00548 (0.0329)	0.0104 (0.0364)
N3_Y83b	−0.0177 (0.0227)	0.0139 (0.0255)	−0.0348 (0.0342)	0.0462 (0.0652)	0.0436 (0.0665)	0.0702 (0.110)
N3_Y8393	−0.0172 (0.0328)	−0.0286 (0.0357)	−0.0424 (0.0402)	0.00966 (0.0540)	0.0126 (0.0497)	0.0112 (0.0543)

续表

变量	(1) Y_1	(2) Y_1	(3) Y_1	(4) Y_2	(5) Y_2	(6) Y_2
N3_Y03a	−0.113*** (0.0320)	−5.09e−05 (0.0258)	0.00406 (0.0272)	−0.00781 (0.0335)	0.0186 (0.0318)	0.0286 (0.0349)
人口特征等		控制	控制		控制	控制
省份虚拟变量		控制	控制		控制	控制
工作转换年份		控制	控制		控制	控制
省份*年份			控制			控制
观测值	12768	12758	12758	12768	12758	12758
R方	0.305	0.733	0.752	0.030	0.143	0.253

注：表中第（1）（2）（3）列是以 Y_1 为因变量的结果，第（4）（5）（6）列是以 Y_2 为因变量的结果。时间阶段划分的参照组为1983—1993年（Y8393），以1997年去产能开始实施为依据。最左边一列变量分别表示第二类、第三类行业与各十年政府任期的交叉项，即去产能政策对该类行业劳动者在该任期的就业影响效果。控制的人口特征等虚拟变量包括性别、年龄、婚姻、民族、中共党员、城镇户口以及教育水平分类。此处省份虚拟变量未划分为东、中、西和东北部，而是各省份的虚拟变量。第（3）（6）列还控制了各省份与不同年份的交叉项。括号内为稳健标准误。*** $p<0.01$，** $p<0.05$，* $p<0.1$。

（二）按五年规划（计划）划分的政策就业效果

通过本书第三章对国家历次"五年规划（计划）"纲要的详细梳理，可以发现去产能政策起始于"九五"计划，并在此之后的历次"五年规划（计划）"纲要中影响的行业范围进一步扩大、政策力度不断加强。"九五"计划作为去产能政策实施的分界点，因此在对政策效果进行实证评估时选择以去产能政策开始实施前的五年计划（"八五"计划）作为政策就业效果评估的参照组。

1. 单个"五年规划（计划）"的就业影响效果

本研究首先尝试了在 DID 模型中加入以"五年规划（计划）"为划分标准的时间虚拟变量，如"六五"计划之前（Y65b）、"六五"计划（Y65）、"七五"计划（Y75）、"八五"计划（Y85）、"九五"计划

（Y95）、"十五"计划（Y105）、"十一五"规划（Y115）和"十二五"规划（Y125）。根据 DID 方法模型进行回归，建立第二类、第三类行业与各"五年规划（计划）"时间阶段的交叉项以评估政策的就业影响。具体结果如表 6-6 所示。

当 Y_1 为因变量时，各"五年规划（计划）"期间的去产能政策对工作变动的影响效果分析如下。

第二类行业：去产能政策实施前后，工作变动的差异效果显著。以"八五"计划为参照组，虽然表 6-6 中第（1）列显示第二类行业的劳动者只在"十二五"时期发生工作变动的概率要显著比第一类行业的少 6.83%。但是在控制更多变量后，尤其是控制经济因素在不同省份不同年份的影响时（第（3）列），第二类行业的劳动者在"十五"和"十一五"时期发生工作变动的概率都显著高于第一类行业，分别高 13.5% 和 12.0%。当然工作变动是因为劳动者发生转岗还是失业，需要后面结合 Y_2 的回归结果判断。

第三类行业：去产能政策实施前后，工作变动的差异效果同样显著。如表 6-6 中第（1）列基础回归组显示，第三类行业的劳动者在"十五""十一五"和"十二五"时期工作变动的概率与第一类行业的劳动者都存在显著的差异。在控制省份虚拟变量和工作转换年份虚拟变量的交叉项后，去产能实施后工作变动的影响仍然显著。具体表现为，在"九五""十五""十一五"和"十二五"时期，第三类行业的劳动者发生工作变动的概率显著高于第一类行业，分别高 11.9%、13.8%、11.6% 和 10.8%。同样，发生工作变动的原因是转岗还是失业，需要根据政策对失业的影响进一步判断。

当 Y_2 为因变量时，去产能政策在各个"五年规划（计划）"期间对失业的影响效果分析如下。

第二类行业：在失业情况方面，第二类行业的劳动者在去产能政策影响下比第一类行业劳动者发生失业的概率要低。表 6-6 中第（4）

列未加任何控制变量的基础回归结果显示，第二类行业的劳动者在去产能实施后的"九五""十五"和"十一五"时期，其发生失业的概率比第一类行业的分别显著要低11.2%、17.4%和16.2%。在控制更多变量后，如第（6）列所示，第二类行业的劳动者仍然在"十五"时期比第一类行业的劳动者发生失业的概率低11.4%，在其他"五年规划（计划）"期间差异不显著。

第三类行业：第三类行业的劳动者在去产能实施后与第一类行业的劳动者在失业方面不存在差异或失业发生的概率较低。在第（4）列基础回归结果显示，第三类行业的劳动者在"九五""十五"和"十一五"时期发生失业的概率比去产能重点的第一类行业分别显著要低10.2%、12.9%和14.5%。然而，当控制更多变量后，第（6）列结果显示第三类行业的劳动者与第一类行业的劳动者在失业方面不存在显著的差异。

通过结合工作变动和失业两个因变量回归结果来看，第二类、第三类行业的劳动者在一些"五年规划（计划）"期间发生工作变动的概率要高，但其发生失业的概率要么比第一类行业低，要么与第一类行业不存在显著性差异。也就是说，第二类、第三类行业的劳动者工作变动的结果并不是显著的失业。当然，这也表明受去产能重点影响的第一类行业劳动者在政策实施后，虽然与另两类行业相比，在一些年份不容易发生工作变动，但是只要发生工作变动，第一类行业劳动者相比其他行业更容易出现明显的失业。

表6-6　　　　单个五年规划（计划）的政策就业效果回归结果

变量	(1) Y_1	(2) Y_1	(3) Y_1	(4) Y_2	(5) Y_2	(6) Y_2
N2_Y65b	−0.00368 (0.0308)	0.0955** (0.0387)	0.138*** (0.0497)	0.00589 (0.0856)	−0.00568 (0.0873)	−0.00499 (0.140)

续表

变量	(1) Y_1	(2) Y_1	(3) Y_1	(4) Y_2	(5) Y_2	(6) Y_2
N2_Y65	−0.00204 (0.0452)	0.0117 (0.0558)	0.167** (0.0806)	−0.105 (0.0972)	−0.124 (0.0901)	−0.0441 (0.127)
N2_Y75	−0.0759* (0.0451)	−0.0824 (0.0543)	−0.0594 (0.0597)	−0.182** (0.0896)	−0.173** (0.0805)	−0.0961 (0.0925)
N2_Y95	0.00815 (0.0446)	0.0283 (0.0457)	0.0788 (0.0509)	−0.112* (0.0651)	−0.0932 (0.0603)	−0.0549 (0.0670)
N2_Y105	0.0566 (0.0489)	0.0887* (0.0505)	0.135** (0.0564)	−0.174*** (0.0650)	−0.191*** (0.0605)	−0.114* (0.0668)
N2_Y115	0.0715 (0.0515)	0.0801 (0.0525)	0.120** (0.0582)	−0.162** (0.0644)	−0.159*** (0.0608)	−0.0823 (0.0651)
N2_Y125	−0.0683* (0.0405)	0.00956 (0.0379)	0.0691 (0.0432)	−0.0819 (0.0509)	−0.0682 (0.0462)	−0.0268 (0.0497)
N3_Y65b	0.0468 (0.0311)	0.119*** (0.0365)	0.114** (0.0451)	0.00705 (0.0758)	0.00991 (0.0800)	0.0550 (0.124)
N3_Y65	0.0633 (0.0431)	0.0825 (0.0522)	0.195*** (0.0745)	−0.106 (0.0911)	−0.125 (0.0837)	−0.0505 (0.115)
N3_Y75	0.0224 (0.0413)	0.0297 (0.0500)	0.0260 (0.0555)	−0.131 (0.0868)	−0.148* (0.0779)	−0.0863 (0.0889)
N3_Y95	0.0633 (0.0440)	0.0747* (0.0446)	0.119** (0.0505)	−0.102* (0.0619)	−0.0883 (0.0576)	−0.0599 (0.0622)
N3_Y105	0.0866* (0.0485)	0.113** (0.0495)	0.138** (0.0547)	−0.129** (0.0622)	−0.145** (0.0581)	−0.0978 (0.0626)
N3_Y115	0.0999** (0.0507)	0.0907* (0.0511)	0.116** (0.0564)	−0.145** (0.0612)	−0.129** (0.0579)	−0.0654 (0.0603)
N3_Y125	−0.0696* (0.0394)	0.0650* (0.0370)	0.108** (0.0422)	−0.0564 (0.0477)	−0.0361 (0.0434)	−0.00481 (0.0446)
人口特征等		控制	控制		控制	控制
省份虚拟变量		控制	控制		控制	控制
工作转换年份		控制	控制		控制	控制
省份*年份			控制			控制

续表

变量	(1) Y_1	(2) Y_1	(3) Y_1	(4) Y_2	(5) Y_2	(6) Y_2
观测值	12768	12758	12758	12768	12758	12758
R方	0.531	0.733	0.753	0.053	0.145	0.254

注：表中第（1）（2）（3）列是以 Y_1 为因变量的结果，第（4）（5）（6）列是以 Y_2 为因变量的结果。以"九五"计划去产能开始实施为依据，时间阶段划分的参照组为"八五"计划（1991—1995年）。最左边一列变量分别表示第二类、第三类行业与各五年规划（计划）实行期间的交叉项，即去产能政策对该类行业在该五年规划（计划）期间的就业影响效果。控制的人口特征等虚拟变量包括性别、年龄、婚姻、民族、中共党员、城镇户口以及教育水平分类。此处省份虚拟变量未划分为东、中、西和东北部，而是各省份的虚拟变量。第（3）（6）列还控制了各省份与不同年份的交叉项。括号内为稳健标准误。*** $p<0.01$，** $p<0.05$，* $p<0.1$。

2. 两个"五年规划（计划）"期间的就业效果

在完成对单个"五年规划（计划）"的分析后，本部分仍然会考虑将时间划分宽度增加为十年，进一步评价政策的效果。具体操作如下：以"八五"计划和"九五"计划之间作为分界点，两个相近五年计划进行合并，以十年为宽度，划分为四组，即"七五"计划前（Y75b）、"七五"计划和"八五"计划（Y7585）、"九五"计划和"十五"计划（Y95105）、"十一五"规划和"十二五"规划（Y115125），其中"七五"计划和"八五"计划（Y7585）为基准组。如此可以比较出"九五"计划及其之后"五年规划（计划）"政策对就业的长期影响效果，进一步确认去产能政策的就业影响是否在"九五"计划后能较好地体现。回归结果如表6-7所示。

当 Y_1 为因变量时，两个"五年规划（计划）"期间的去产能政策对工作变动的影响效果分析如下。

第二类行业：去产能政策实施后，第二类行业的劳动者相比第一类行业在工作变动方面的差异效果显著。以"'七五''八五'"计划为参照组，表中第（1）列基础回归显示第二类行业的劳动者只在

"九五""十五"两个连续期间发生工作变动的概率要显著比第一类行业的高5.91%。但是在控制更多变量后，尤其是控制一些宏观经济因素在不同省份不同年份的影响时（表6-7第（3）列），第二类行业的劳动者在各个考察时期均比第一类行业的劳动者发生工作变动的概率要高。这可能是由于第一类行业作为去产能的重点行业较多的是国企等大型企业，工作转换时不同单位性质的劳动者进入更困难。虽然第二类行业的劳动者发生工作变动的可能性更高，但工作变动是否直接转为失业，需要结合 Y_2 的回归结果判断。

第三类行业：去产能政策实施前后，第三类行业与第二类行业的劳动者受到工作变动的影响效果相似。以"'七五''八五'"计划为参照组，在控制更多变量后，如表6-7中第（3）列显示，第三类行业的劳动者在其余每个十年规划（计划）期间发生工作变动的概率都比第一类行业的劳动者显著要高。这主要是由于第三类行业更接近于服务业，其自身的劳动力流动比受去产能重点影响行业的劳动力要频繁。同样，我们需要结合失业的回归结果进一步判断发生工作变动的原因是转岗还是失业。

当 Y_2 为因变量时，两个"五年规划（计划）"期间的去产能政策对失业的影响效果分析如下。

第二类行业：在失业情况方面，第二类行业的劳动者在去产能政策实施前后与第一类行业的劳动者发生失业的概率无显著差异。在只控制人口特征变量、各省份虚拟变量和工作转换年份虚拟变量的情况下，第二类行业的劳动者在"九五""十五"两个合并的五年计划期间发生失业的概率比第一类行业的劳动者要低8.2%（表6-7第（5）列）。但是在基础回归结果（第（4）列）、控制不同省份和年份的虚拟变量交叉项后回归结果（第（6）列）均未通过显著性检验，即第二类行业的劳动者与第一类行业的劳动者无显著的失业差异。

第三类行业：第三类行业的劳动者在去产能实施前后与第一类行

业的劳动者在失业方面不存在显著差异。无论是否控制人口特征变量、省份虚拟变量还是控制宏观经济因素对各省不同年份的影响变量，各回归结果的系数均未通过显著性检验。

通过结合工作变动和失业两个因变量回归结果来看，第二类、第三类行业的劳动者在两个"五年规划（计划）"期间虽然发生工作变动的概率要高，但其相比第一类行业并未发生明显的失业。也就是说，第二、三类行业的劳动者虽然工作变动频繁，但也能找到新的工作而不是显著地失业。这也就意味着，在两个"五年规划（计划）"这种更长的时间阶段内，去产能政策的实施并导致其重点影响的第一类行业内劳动者发生明显的失业。

表6-7　　　　　　两个五年规划（计划）的政策就业效果回归结果

变量	(1) Y_1	(2) Y_1	(3) Y_1	(4) Y_2	(5) Y_2	(6) Y_2
N2_Yp75b	0.0241 (0.0293)	0.0823** (0.0365)	0.175*** (0.0519)	0.0154 (0.0695)	−0.00633 (0.0666)	0.00726 (0.0974)
N2_Yp95105	0.0591* (0.0342)	0.0915** (0.0358)	0.131*** (0 0397)	−0.0805 (0.0514)	−0.0820* (0.0477)	−0.0524 (0.0532)
N2_Yp115125	0.0368 (0.0345)	0.0641** (0.0311)	0.107*** (0.0347)	−0.0313 (0.0447)	−0.0335 (0.0409)	−0.00989 (0.0447)
N3_Yp75b	0.0452* (0.0271)	0.0861*** (0.0333)	0.153*** (0.0472)	−0.00996 (0.0643)	−0.00834 (0.0619)	0.0233 (0.0883)
N3_Yp95105	0.0599* (0.0330)	0.0801** (0.0344)	0.120*** (0.0384)	−0.0725 (0.0495)	−0.0646 (0.0461)	−0.0503 (0.0504)
N3_Yp115125	−0.0833*** (0.0323)	0.0605** (0.0294)	0.104*** (0.0331)	−0.0447 (0.0427)	−0.0111 (0.0391)	0.00695 (0.0416)
人口特征等		控制	控制		控制	控制
省份虚拟变量		控制	控制		控制	控制
工作转换年份		控制	控制		控制	控制
省份*年份			控制			控制
观测值	12768	12758	12758	12768	12758	12758

续表

变量	(1) Y_1	(2) Y_1	(3) Y_1	(4) Y_2	(5) Y_2	(6) Y_2
R方	0.354	0.733	0.752	0.034	0.143	0.253

注：表中第（1）（2）（3）列是以 Y_1 为因变量的结果，第（4）（5）（6）列是以 Y_2 为因变量的结果。以"九五"计划去产能开始实施为依据，时间阶段划分的参照组为"'七五''八五'"计划（1985-1995年）。最左边一列变量分别表示第二类、第三类行业与相近两个五年规划（计划）施行期间的交叉项，即去产能政策对该类行业在连续两个规划（计划）期间的就业影响效果。控制的人口特征等虚拟变量包括性别、年龄、婚姻、民族、中共党员、城镇户口以及教育水平分类。第（3）（6）列还控制了各省份与不同年份的交叉项。括号内为稳健标准误。*** $p<0.01$，** $p<0.05$，* $p<0.1$。

三 去产能重点影响行业的相对失业规模估算

去产能政策的实施会导致劳动力市场产生多大规模的失业？这是一个受社会各界广泛关注的问题。为进一步明晰去产能政策的失业影响，本部分首先对去产能政策影响的行业按照受影响的程度和范围进行划分，然后通过使用微观综合性数据，从劳动经济学视角出发，考虑政策对个体劳动者的影响，考察个体劳动者的工作变动和失业可能性，最后根据去产能重点影响行业内的劳动者与其他行业劳动者之间的失业概率差异进行失业规模的估算。

具体方法：第一，前文根据去产能涉及的行业范围进一步将重点影响的行业划分为第一类（主要为采矿业和制造业一部分），在本部分的各项回归中第一类行业也被当作参照组。本部分界定的第二类行业与第一类行业相近，是除去第一类行业的大部分制造业，所以本部分选定第二类行业的失业影响系数作为主要估算依据。第二，本部分通过查阅国家统计年鉴等数据，获得不同统计年份和统计口径下的第一类行业大致从业人员数。第三，将不同统计数据中的第一类从业人员基数与第一类行业高出的失业概率相乘，从而获得去产能重点影响行业比第二类行业可能会多产生的失业量参考值。

前文分别对去产能政策实施后单年和长期的就业影响进行了评估，具体包括去产能开始实施的 1997 年后的各单年、五年政府任期、十年政府任期、单个"五年规划（计划）"、两两合并的"五年规划（计划）"。其中的一些回归结果显示，第二类行业的劳动者在某些年份或某个阶段发生失业的概率要低于去产能重点影响的第一类行业。表 6-8 中包含前文对第二类行业的政策失业影响评估回归结果的汇总，其中，第 1 列表示在同时间段内第二类行业的劳动者相比去产能重点影响的第一类行业劳动者发生的失业概率差异。在多数年份行业之间的失业差异并不显著，甚至在更长时间阶段的评估中失业差异也不显著。所以从总体来看，去产能政策并不会造成明显的失业后果。虽然多数情况下并没有显著的失业差异，但在某些年份显著的失业差异还是存在的。如果现阶段的去产能政策执行力度与历史上的相近，那么在这种假设情况下，现阶段去产能政策也可能导致产生与历史上相似的失业规模。所以本部分也是基于此假设对可能造成的失业规模进行估算，给出失业参考范围。

根据估算方法得到如下结果（见表 6-8）：如果以 2010 年第六次人口普查数据中的重点行业就业人员作为基数，那么单年较大的相对失业规模为 552 万人左右，而五年期间测算的相对失业规模约为 215 万人；如果以第三次经济普查数据中重点行业就业人员数作为基数，那么单年较大的相对失业规模约为 756 万人，而五年期间测算的相对失业规模约为 295 万人；如果以 2015 年全国 1% 人口抽样调查数据中采矿业就业人员数作为基数，那么单年较大的相对失业规模约为 340 万人，而五年期间测算的相对失业规模约为 133 万人；如果以 2005—2016 年期间采矿业城镇单位从业人员平均数作为基数，那么单年较大的相对失业规模仅约为 163 万人，而五年期间相对失业规模约为64万人。[①]

表6-8　　　　　去产能重点影响行业相对失业规模估算

重点行业 人员基数 （万人） 第二类行业 相对失业 概率	第六次人口 普查 2010年 1900.11	第三次经济 普查 2013年 2599.47	全国1%人口 抽样调查 2015年 1168.47	采矿业城镇单位 从业人员平均数 2005—2016年 561.86
−0.220**	−418.02	−571.88	−257.06	−123.61
−0.291**	−552.93	−756.45	−340.02	−163.50
−0.113*	−214.71	−293.74	−132.04	−63.49
−0.114*	−216.61	−296.34	−133.21	−64.05

注：表中第（1）列系数来源于前文政策的失业影响评估结果，该结果均是在控制人口特征变量、省份、年份、省份与年份交叉项后的结果（2003—2008年的结果未控制省份与年份虚拟交叉变量）。第（1）列失业系数从上到下分别见表6-3、表6-4和表6-6。第（2）—（5）列数据分别来源于《中国2010年人口普查资料》《中国经济普查年鉴2013》《2015年全国1%人口抽样调查》和《中国统计年鉴2017》。

综上所述，通过使用不同测算基数进行估算所得的结果来看，本文预测的相对失业量参考值范围为64万—756万人。即在符合相应的假设条件下，受去产能重点影响行业的失业规模比第二类行业相对要多64万—756万人。

一些学者对去产能导致的失业规模预测在300万—600万人左右（张杰等，2016；任泽平等，2016；任继球等，2017）。虽然这些结果与本文的预测值有些出入，但这些学者的研究结果与本部分预测结论并不矛盾。因为本部分对失业的估算是基于以下几个前提。

[①] 本书使用2010年第六次人口普查数据中重点行业就业人员做基数时，重点行业就业人员包括采矿业、制造业（石油加工及炼焦、非金属矿物制品业、黑色金属冶炼和压延加工业）的就业人员，这接近于本部分之前定义的去产能重点影响行业的就业人员数。2013年第三次经济普查数据中重点影响行业就业人员基数也是如此。2015年全国1%人口抽样调查中制造业未进一步细分，所以只选用了采矿业就业人员数作为基数。

第一，本部分预测的是相对的失业量。本部分是界定出去产能的重点行业并将其定义为第一类行业，又另外界定出两类行业分别作为内部和外部参照。本部分预测的是去产能重点影响的第一类行业相比第二类行业可能多的失业量，是一个相对值而不是绝对值。

第二，本部分预测的基数规模小于现实中去产能影响的重点行业真实就业人员规模。本部分选用的预测基数是去产能重点影响行业主要涵盖的采矿业从业人员数或采矿业城镇单位从业人员数多年间的平均数，真实影响的从业人员规模应该大于这个基数，所以相对的失业量也会不同。而2010年第六次人口普查数据和2013年第三次经济普查数据作为基数时，由于该基数接近本文定义的重点的影响行业人数，所以相对失业规模为215万—756万人，该值与其他学者的预测值较为接近。

第三，本部分的失业系数是历史上去产能政策的影响系数，所得失业规模是一个供参考的范围，不代表现今的政策对重点行业的失业影响。本部分主要是评估供给侧结构性改革提出之前，历史上去产能政策对其重点影响行业造成的失业影响。这些年份都是产生失业影响显著的年份，代表的是历史上可能产生的失业的上限，历史上多数年份去产能政策并未造成显著的失业影响。所以估算的失业量还有一个隐含前提就是现今的去产能政策达到上述年份的执行力度才会产生这样规模的失业。当然，如果现今供给侧结构性改革推行中的去产能政策力度要大于以往的话，那么可能造成的相对失业规模很可能大于本部分目前提供的参考值范围。

四 本章小结

本部分通过前文对历年国务院政府工作报告和国家"五年规划（计划）"梳理的政策演变节点，按照单年、五年、十年的宽度划分时间段，运用双重差分法（DID）分别检验了去产能政策在工作变动和失业两大方面的单年和长期就业影响效果。当然由于存在一些其他政策经济因素变化带来的相似的冲击影响，本部分也尝试控制更多变量来尽量降低额外因素的干扰。主要结论如下。

第一，政策在工作变动方面的单年影响效应。多数年份政策对第二类行业的劳动者产生工作变动的影响不明显。第二类行业的劳动者相比去产能重点影响行业并未有明显的工作变动情况出现。政策对工作变动的影响效应方面未表现出持续性，整体曲线波动比较频繁，往往是前一年政策对工作变动产生显著影响，而下一年的影响又不显著。政策对工作变动的影响效果呈现一定的周期性，与"五年规划（计划）"纲要的实施节点一致，即在各"五年规划（计划）"纲要实施的第一年往往政策的工作变动效果都较显著，其余年份效果逐渐减弱且不显著。

第三类行业政策单年的工作变动影响效果表现出和第二类行业单年政策效果相似的情况，但在政策效果显著的相同年份，第三类行业的劳动者比第二类行业的劳动者发生工作变动的概率更大。当然，第三类行业政策单年的工作变动影响效果也表现出与"五年规划（计划）"纲要同样的周期性。

第二，政策在失业方面的单年影响效应。政策在多数年份对第二类行业的劳动者产生的失业影响不明显，也就是说受去产能政策重点影响的第一类行业劳动者并未产生明显多于第二类行业的失业。当然存在两个年份（2003年和2014年），去产能重点影响的第一类行业失业概率高于第二类行业。政策在各年对失业的影响具有一定的规律，与国家领导班子的任期变化较为接近。在新一届政府任期开始之时，往往去产能政策的失业影响显著，此后各年效果逐渐减弱。至下一届政府任期开始，政策的影响重新显著，然后再逐渐减弱。

政策单年对第三类行业劳动者失业方面的影响和第二类行业单年

政策的影响变化相似。但政策对第三类行业的失业影响效果显著的年份仅有2003年，且系数为负，即在该年去产能重点影响的第一类行业劳动者失业概率高于第三类行业。

第三，政策对工作变动和失业两方面单年的共同影响效应。去产能政策在一些年份对第二类行业的劳动者工作变动的概率有显著正影响，而在相同的年份，去产能政策对第二类行业的劳动者并未造成显著高于去产能重点影响行业的失业概率。所以去产能政策的实施，使得第二类行业的劳动者相比去产能重点影响行业更多的是使其发生工作转岗等情况的工作变动，而不是导致其失业概率的增加。同样，第三类行业的劳动者也是如此，劳动者工作变动的结果更多的是转岗而不是失业。

第四，政策在工作变动方面的长期影响效应。从政府的任期分析看：政策在各个以五年划分的政府任期内，总体来看，第一类行业的劳动者相比其他两类行业的劳动者并未有显著的工作变动差异。当然，也存在第二类行业的劳动者在1998—2003年（去产能刚开始实施的五年）、第三类行业的劳动者在2008年后发生工作变动的概率有显著差异，但多数五年任期内三类行业的劳动者工作变动差异不显著。当考虑两个任期情况，即以十年的期限进行考量时，第二类、第三类行业的劳动者在去产能政策实施后相比于第一类行业均未表现出显著的工作变动差异。

从"五年规划（计划）"分析看：当以单个"五年规划（计划）"进行评估时，第二类行业和第三类行业的劳动者在去产能政策实施前后，发生工作变动的概率都显著高于去产能重点影响的第一类行业的劳动者。当以两个"五年规划（计划）"即十年期限作为考量时，第二类行业和第三类行业的劳动者在去产能政策实施后，相比第一类行业的劳动者，其在工作变动方面的差异效果仍然显著。这可能是由于第一类行业作为去产能的重点行业，较多的是国企等大型企业，从业人员进入和流出具有更多的限制，人员流动相对更困难，且第三类行业更接近于服务业，其自身的劳动力流动比重点行业要频繁。

第五，政策在失业方面的长期影响效应。从政府的任期分析看：在以五年为时间宽度的政府任期内，政策对重点影响的第一类行业劳动者造成失业的概率与其他行业并无显著差异。在十年为考量长度的政府任期内，去产能政策对失业的影响效果仍不明显。

从"五年规划（计划）"分析看：当以单个"五年规划（计划）"评估时，第二类行业劳动者在去产能政策影响下比第一类行业劳动者发生失业的概率要低。在控制更多变量后，第二类行业劳动者仍然在"十五"时期比第一类行业发生失业的概率低11.4%。第三类行业劳动者在去产能实施后比第一类行业在失业方面发生的概率较低，但当控制更多变量后，第三类行业与第一类行业的劳动者在失业方面不存在显著的差异。当以两个合并"五年规划（计划）"的十年期限为宽度进行评估时，第二类行业劳动者在去产能政策实施前后与第一类行业劳动者发生失业的概率一般无显著差异，但是在只控制人口特征变量、各省份虚拟变量和工作转换年份虚拟变量的情况下，第二类行业的劳动者在"九五""十五"这十年期间发生失业的概率比第一类行业的劳动者要低。第三类行业的劳动者在去产能实施前后与第一类行业的劳动者在失业方面不存在显著差异。

第六，政策对工作变动和失业两方面长期影响的共同效应。从政府任期方面看，虽然在五年的任期内，第二类行业的劳动者在某阶段会有较高的工作变动概率，但并无明显的失业。当时间延长到十年，各行业间的工作变动差异以及失业的差异均不显著。也就是说，在政府的各个十年任期阶段，去产能政策的实施并未造成其重点影响行业的劳动者相比于其他类行业的劳动者有明显的工作变动和失业。

从"五年规划（计划）"方面看，第二类、第三类行业的劳动者在一些"五年规划（计划）"期间发生工作变动的概率要高，但其发生失业的概率存在着比第一类行业低或者与第一类行业间不存在显著差异这两种情况，所以第二类、第三类行业的劳动者工作变动的结果并不是显著的失业。同样，在两个"五年规划（计划）"期间，虽然第二、三类行业的劳动者发生工作变动的概率要高，但其相比第一类行业的劳动者并未发生明显的失业。所以，一方面是第二、三类行业的劳动者更多地发生就业结构的转换，另一方面，去产能政策在两个合并的"五年规划（计划）"这种更长的时间宽度内并未使其重点影响的第一类行业的劳动者产生明显的失业。

当在更长的时间段内进行政策就业影响评估时，劳动力市场有充足的时间消化政策对就业结构的冲击，劳动者有更多的时间来调整工作，所以在更长评估期限内，各行业间的就业结构差异较小，总体就业稳定。

第七，去产能重点影响行业相对失业规模的估算。通过前文得出的政策在单年、五年和十年的政府任期的失业影响，以及政策在单个和两个合并的"五年规划（计划）"等不同时间宽度的失业影响，选出政策对失业影响显著的年份。分别以国家统计局中2010年第六次人口普查和2013年第三次经济普查中重点行业数据、2015年全国1%人口抽样调查中采矿业就业人员数、2005—2016年采矿业城镇从业人员的平均人数作为基数，结合第一类行业在政策对失业影响显著年份相比第二类行业高出的失业概率，二者进行相乘，估算出去产能重点影响行业相比于第二类行业的相对失业规模。经过估算，去产能重点影响的行业比第二类行业在发生失业的情况下要多失业64万—756万人，当然这个估算是在满足一定前提条件下的结果。

第7章
研究结论与政策意义

一 研究结论

（一）去产能的政策演变

从历年国务院政府工作报告来看，1997年政府工作报告中开始提及"压缩、调整某些行业的过剩生产能力"，而在此之前以提高生产能力为主，自此"去产能"政策萌芽初露。纵观近20年来的政府工作报告，大体可以将"去产能"政策的产生和演变归纳为以下几个阶段：第一阶段（1996年前），此阶段政府工作报告中基本很少提及化解过剩生产能力或淘汰落后生产能力；第二阶段（1997—2010年），此阶段政府工作报告中常提及"淘汰落后产能"，即进入以淘汰落后产能为主时期；第三阶段（2011—2015年），伴随着"十二五"规划出台，报告中更多提及淘汰落后产能和压缩过剩产能并重；第四阶段（2015年后），进入2015年后，伴随着供给侧结构性改革，"去产能"成为主流提法，当然这其中包含"淘汰落后产能和压缩过剩产能"，从本质上讲并无显著区别。

从历次国家"五年规划（计划）"看，"九五"计划（1996—2000年）是去产能政策起始点。在"九五"计划前，我国曾历经了"一五"计划的"工业增速赶超英美"、"二五"计划的"大跃进"、"三五"计划的"三线建设备战备荒"、"四五"计划的"三个严重失控现象"、"五五"计划的"恢复和调整"、"六五"计划的"改革开放"、"七五"计划的"改革和治理整顿"、"八五"计划的"改革开放走向高潮"等历史阶段。总的来看，在"九五"计划之前我国主要以发展生产力、摸索和调整经济发展为主，其中"八五"计划时期，是我国经济增长速度最快的时期。经过快速的经济发展，出现部分行业领域产能过剩的苗头，"九五"计划开始提及淘汰钢铁行业的落后产能，并在"十一五"规划和"十二五"规划中逐渐扩大去产能范围、逐渐明确去产能任务。"十三五"规划时期，供给侧结构性改革登上舞台，将去产能政策的重要性推向最高点。

（二）去产能重点影响行业宏观数据分析结论

通过国家统计局等官方公布的宏观数据，本书对去产能重点影响行业（钢铁、煤炭、水泥、平板玻璃、电解铝）的产量变化、产地分布和行业从业人员等进行了分析。

从产量及产量增长率方面来看，2003年、2009年和2013年为窄口径的五大重点行业生产水平由高转低的三个主要转折点。从增长率水平看，2003年、2004年为五大重点行业产量增速较快时期，后续年份的产量增长率水平整体呈下降趋势，如2008年前后的金融危机使得增长水平虽有波动，但其增长速度要慢于2003和2004年。从地区分布方面来看，本书统计了粗钢、生铁、煤炭、水泥、平板玻璃和电解铝等行业的各省（自治区、直辖市）产量。统计结果表明，去产能重点影响行业产地主要分布在山东、江苏、河北、山西和河南几个省，因此上述几个省份在供给侧结构性改革中可能会受去产能政策影响较大，也表明政策对省份的影响存在差异性。从人员水平变化方面看，与去产能重点影响行业紧密相关的采矿业和部分制造业在2005年前后以及2011年是人员水平增长率由高转低变化较大的转折点。虽然总体从业人员呈正增长趋势，但受去产能重点影响的采矿业从业人员增长率一般低于受影响较小的制造业的从业人员增长率，去产能重点影响行业对劳动者的吸引力较弱。

（三）去产能对就业影响微观数据分析结论

从工作变动和失业状态两个方面的数据描述分析看，第一类行业，即去产能重点影响的行业，从业劳动者在结束第一份工作后，发生工作转换的比例最高，达到39.32%，转为正常离退休状态的比例最低，只有4.99%；第二类行业，与第一类行业属性相近，其发生工作转换的比例也是最高，达到48.55%，转为正常离退休状态比例最低，为5.08%；第三类行业，是除第一、二类行业以外的行业，作为外部参照，可以发现其工作未发生转换的比例最高，为45.82%。第二类行业的劳动者发生工作变动后，更多的是在结束第一份工作后仍然能够重新就业，其发生工作转换的比例较高。而相比之下，第一类行业由于受去产能重点影响，所以其劳动者相对较多地会失业。

从工作转换对就业行业选择的影响看，在第一份工作结束选择第二份工作时，除了流向本行业以外，三类行业的劳动者都更多地流向第三类行业。此外，另两类行业的劳动者流入去产能重点影响行业（第一类行业）的比例都较低。

（四）去产能对就业影响的回归分析结论

在工作变动与失业方面，第三类行业的劳动者比去产能重点影响的第一类行业劳动者的工作更稳定，发生工作变动的概率显著要低，但控制更多变量后，二者之间的差异不显著。第二类行业的劳动者虽然在工作变动方面与第一类行业的劳动者没有显著差异，但其工作变动更多体现为重新就业，而变动为失业情况的概率显著比第一类行业的要低。第二类行业劳动者在工作发生变动时更多的是转岗而不是失业，其就业情况好于第一类行业的劳动者。

在工作转换的就业行业选择方面，在结束第一份工作转向第二份工作的行业类别选择时，相比于第一类行业的劳动者，另外两类行业的劳动者选择从事第一类行业的概率显著较低。在控制住人口统计特征变量和教育水平变量后，它们之间的差异仍然显著，即转向去产能重点影响的第一类行业的概率仍然要低。

从三类行业劳动者就业行业选择进一步的Logit回归分析结果看，第二类行业的劳动者相比于第一类行业更多地流向本行业，次之是流向第三类行业，流向第一类行业最少。第三类行业的劳动者相比于第一类行业更多地流向本行业，次之是流向第二类行业，流向去产能重点影响行业最少。而去产能重点影响行业的劳动者在就业结构转换时一方面是在本行业内部重新分配，另一方面主要是流向第三类行业。

（五）去产能对就业影响的政策效果评估结论

本书一方面检验了去产能政策实施后各单年的就业影响效果，另一方面将政府任期和"五年规划（计划）"按照五年、十年的时间划分宽度，运用双重差分方法对去产能政策长期性的就业影响效果进行进一步稳健性检验。

第一，政策在工作变动方面的单年影响效应。第二类、第三类行业的劳动者在多数年份相比去产能重点影响行业劳动者并未有明显的工作变动情况出现。政策在对工作变动的影响效应方面未表现出持续性，往往是前一年政策对工作变动产生显著影响，而下一年的影响效果又不显著。政策对工作变动的影响效果呈现一定的周期性，与"五年规划（计划）"纲要的实施节点表现出相似的变化规律，即在各"五年规划（计划）"纲要实施的第一年，政策的工作变动影响效果显著，其余年份效果逐渐减弱且不显著。

第二，政策在失业方面的单年影响效应。政策在多数年份对第二类、第三类行业的劳动者产生的失业影响相比去产能重点影响行业并不明显。当然存在个别的年份，如第二类行业的劳动者在2003年和2014年、第三类行业的劳动者在2003年，均比第一类行业的失业概率要低，这也与宏观数据分析的结果一致。另外，政策对失业的影响变化与政府的任期变化较为相似，具有一定的规律性。在新一届政府任期开始之时，往往去产能政策能导致显著的失业影响，此后各年效果逐渐减弱。至下一届政府任期开始，政策的影响效果重新显著，此后又逐渐减弱。

第三，政策对工作变动和失业两方面单年的共同影响效应。去产能政策的实施，使得第二类行业的劳动者相比去产能重点影响行业的劳动者更多的是发生了就业结构转换而不是失业。同样，第三类行业的劳动者在具有更高工作变动概率的年份其最终结果是工作转换而不是失业。

第四，政策在工作变动方面的长期影响效应。从政府的任期节点为考察期限来看：政策在各个以五年为时间宽度划分的政府任期内，总体来看，第一类行业的劳动者相比其他两类行业并未有显著的工作变动差异。当考虑两个连续任期，即将考察期限放宽为十年进行考量时，第二类、第三类行业的劳动者在去产能政策实施后相比于第一类行业劳动者仍然均未表现出显著的工作变动差异。从"五年规划（计划）"节点为考察期限来看：无论是以单个"五年规划（计划）"还是以两个合并的十年期限进行评估时，第二类行业和第三类行业的劳动者在去产能政策实施后，相比第一类行业的劳动者而言，在发生工作变动方面的差异效果均显著。这可能是由于第一类行业作为去产能的重点行业较多的是国企等大型企业，流入和流出相对困难，而第三类行业更接近于服务业，其自身的劳动力流动比重点行业面临的壁垒要少，流动更加频繁。

第五，政策在失业方面的长期影响效应。从政府的每届任期分析看：在五年的政府任期或十年的政府任期内，从总体来看，政策对重点影响的第一类行业劳动者造成的失业概率与其他行业并无显著差异。从"五年规划（计划）"分析看：当以单个"五年规划（计划)"进行评估时,在控制更多变量后,第二类行业的劳动者仍然在"十五"时期比第一类行业发生失业的概率低11.4%。但当控制更多变量后,第三类行业与第一类行业的劳动者在失业方面不存在显著的差异。当以相近两个"五年规划(计划)"的十年时间宽度进行评估时,在控制更多变量后,第二类、第三类行业的劳动者在去产能政策实施后与第一类行业劳动者之间发生失业的概率依旧无显著差异。

第六,政策对工作变动和失业两方面的长期影响的共同效应。从政府每届任期方面看:虽然在五年的任期内,第二类行业的劳动者在某些时间阶段会有较高的工作变动概率,但并无明显的失业。在按政府任期划分的各个十年阶段,去产能政策的实施并未造成其重点影响的行业劳动者相比于其他类行业的劳动者有明显的工作变动和失业。从"五年规划(计划)"方面看:第二类、第三类行业的劳动者在一些"五年规划(计划)"期间发生工作变动的概率要更高,但其工作变动的结果并不是显著的失业而是发生了工作转换。同样,在两个合并的"五年规划(计划)"期间,一方面是第二、三类行业的劳动者更多地发生了就业结构的转换,另一方面是去产能政策的实施在两个"五年规划(计划)"这种更长的时间阶段内并未使其重点影响的第一类行业的劳动者产生明显的失业。

第七,去产能重点影响行业相对失业规模的估算。在正常情况下,去产能政策并未造成其重点影响的第一类行业的劳动者比其他类行业的劳动者有较高的失业概率。但是在一些单个年份和"五年规划(计划)"期间仍存在第一类行业的劳动者比第二类行业的劳动者失业概率高11.4%—29.1%。书中分别以国家统计局公布的第六次人口普查和第三次经济普查中重点行业人员数、2015年全国1%人口抽样调查中采矿业从业人员数、2005—2016年的采矿业城镇单位从业人员平均数作为基数,在满足特定的前提下,估算出去产能重点影响的行业比第二类行业在发生失业的情况下要多失业 64 万—756 万人。

二 政策意义

通过对我国历年去产能政策进行梳理，从历史的视角看待去产能政策对劳动力市场的就业效应，并尝试用实证方法对政策效果进行分析，这对深入了解该类政策，并对政策的精准实施具有重要的参考意义。

从历史上的去产能效果看，只是在个别的年份，去产能重点影响的行业才会出现失业，多数情况下受去产能重点影响的行业在单年和长期性效果检验中并未表现出明显性的失业。这应该多半归功于第三产业的增长，有效吸纳了剩余劳动力。然而，随着供给侧结构性改革的提出，"去产能"作为其五大重要任务之一，力度势必有所加强，其对劳动力市场的影响可能超过以前的各个时期。供给侧结构性改革对产业结构的调整、对落后企业的淘汰等可能会向劳动力市场疏解更多的劳动力。本书的政策检验结果也表明，去产能政策导致了就业结构的转换，劳动者总体是更多地从去产能重点影响行业流出转向第二、三类行业。随着政策力度的加强，现如今的服务业逐渐趋于饱和，日后还能有效吸纳多少从其他行业被疏解出的劳动力令人担忧。鉴于此，在结构调整的阵痛期，不能仅仅依靠服务业进行收纳托底。另外，历史上 20 世纪 90 年代末的国有企业改革导致大批国企员工下岗失业的经验教训也值得借鉴和吸取。所以国家在推进去产能政策时，不仅要做好如何"去"，还要谋划如何"安"，即一方面在推进去产能重点影响行业的企业兼并和淘汰时要结合历史经验进行稳步有序推进，实施阶段性改革疏解以减轻劳动力市场的负荷；另一方面要立足长远，做好就业岗位增加的战略性规划促进工作，做好劳动力市场自由匹配效率的市场型推进工作，做好就业结构转换期间的保护性政策和精准安置工作。

另外，在单年政策的就业效果检验中发现，往往在政策实施之初，政策引起的工作变动和失业等就业影响会比较显著。如在新一届政府任期开始时和在"五年规划（计划）"纲要实施的第一年，所推行政策的执行效果显著，但随着时间推移政策效果逐渐减弱。这种变化规律中展现利好的一点是，政策所产生的失业影响不会持续太久，放宽考量的时间宽度，比如在五年或十年期限看，失业情况会减少很多，劳动者往往都能重新获得职位。当然，在政策实施时，还需注意其他宏观经济环境的变化对劳动力市场的影响，如金融危机、加入世贸组织等。我国于2001年12月11日正式成为世界贸易组织（WTO）成员，加入世界贸易组织后，我国的国际市场空间进一步扩大，促进了国内产业结构的调整。[①] 比如，我国钢材出口量自1997年的461.89万吨逐年下降，至1999年出口量为368.44万吨，2000年有较大的增长后达到620.60万吨，2001年下降为474.14万吨，而自2002年上涨到545.5万吨后开始逐年上涨。[②] 宏观经济环境的变化会引起行业产量的变化，从而带动行业内劳动需求的变化，所以这些经济因素对劳动力市场造成冲击，往往会影响到原本推行的政策效果。因此，推进某项政策时，也应该考虑劳动力市场自身存在的规律和可能的宏观环境的影响，灵活实施政策，根据需要调整政策。

三 研究不足和展望

本书研究的时间节点处于供给侧结构性改革刚提出不久，相关数据较为缺乏，因此仍存在一些不足之处。

---

① 《中国加入世贸组织两年情况》，2018年3月16日，http://www.gov.cn/test/2005-07/06/content_12523.htm。

② 数据来源为2015年《中国钢铁工业统计年鉴》。

第一，去产能对就业影响的文献研究方面的系统性归纳梳理有待完善。这主要缘于本书研究内容具有一定的前沿性，在供给侧结构性改革提出后，去产能政策对就业的影响才受到更多的关注，因此之前在此方面的研究较少。

第二，去产能对失业预测的精准性有待提高。本书无法准确验证供给侧结构性改革提出后的去产能政策对就业的影响，更多的是为现阶段去产能政策的实施提供参考。这主要是由于供给侧结构性改革刚开始落实，此阶段政策对劳动力市场的影响数据还不能及时获得。目前现有的研究也多是用不同方法对失业等问题的估算，至于真实的就业影响需要日后进一步结合更多数据完善研究。

第三，去产能对就业结构转换影响的深入性有待加强。本书在研究就业结构转换时，只探讨了样本第一份工作转第二份工作时的行业选择情况，而未涉及样本的第二份工作转第三份工作等情况。这主要是由于数据的限制，一方面是关于样本中对工作情况有全面反映的数据本来就少，另一方面是由于样本自身的工作汇报信息不全，当涉及第二份、第三份工作时，样本量很少，缺失信息较多，故本书略去此部分的探讨。

第四，多种因素影响下研究结果的准确性有待提升。历史上的去产能政策并未形成一个明确稳定的体系，在不同的年份执行力度不一，也往往会有更大的外部宏观环境或产业政策的调整对其真实效果产生冲击。本书双重差分法评估的就业效果也反映了该政策忽强忽弱的特点。当然本书也尝试尽量控制更多因素来降低干扰，但受现阶段所能获得数据的局限性影响，使得本书研究不能完全排除一些额外因素的干扰，降低了结果的准确性。

供给侧结构性改革后，"去产能"的实施力度可能会与之前有所区别，而其对劳动力市场产生的影响也会与之前不同。由于数据所限，本书未能考虑企业层面的影响因素，也未能更好地排除更多干扰因素。因此，未来的研究可以在"十三五"规划结束后，收集更好的数据，有效控制更多影响因素，进一步探究去产能政策对劳动力市场的就业影响。

附 录

附录 A 国务院政府工作报告——去产能相关政策摘编

1996 年

"八五"工作回顾：

工业年均增长 17.8%，产品结构调整加快，煤炭、电力、钢铁、汽车、化纤、化肥、家用电器都有较大增长。石油天然气和有色金属工业取得新的成绩。轻纺产品供应充裕，花色品种增多。

未来十五年目标、"九五"目标：

积极推进产业结构的调整。加强基础设施和基础工业，振兴支柱产业，积极发展第三产业。

要根据市场需求，振兴机械、电子、石油化工、汽车和建筑等支柱产业，以带动整个经济的增长。发展支柱产业，要提高技术起点，在引进先进技术的同时，增强自主开发和创新能力，形成经济规模，注重经济效益。

发展轻纺工业，对满足人民生活需要，扩大出口，积累建设资金，具有重要意义。要适应国内外市场变化，加快产品结构调整，提高产品质量，增加花色品种，增强竞争能力。

1997 年

过去一年：

钢铁工业通过挖潜改造，品种结构有所改善，钢产量突破 1 亿吨。能源、交通运输、邮电、有色金属、水泥、化工原料、支农产品、船舶和电子信息产品，都有不同程度增长。

今年工作部署：

要制定结构调整和技术改造规划，引导企业以市场需求为导向，积极调整产品结构，努力提高产品质量，开发新产品，发展名优品牌，增强市场竞争能力。积极开拓市场特别是农村市场，为城乡提供适销对路的产品。支持产品有销路、效益比较好的企业发展。压缩、调整某些行业的过剩生产能力。

现在困难大、亏损多的企业，大部分集中在纺织、煤炭、机械、森工和军工等行业。这些行业的广大干部和职工，为克服困难、搞好企业做了艰苦的努力。近年来，煤炭行业在国家给予定额补贴和贴息贷款的帮助下，积极发展多种经营、分流富余人员，减少亏损取得了明显成效。今年要再选择个别行业，参照这种办法，帮助它们走出困境。

1998 年

今年工作部署：

推进重点行业和重点企业的改革和发展。以纺织行业为突破口，促进困难行业深化改革和扭亏解困。取得初步成效后，再推进到兵器、机械等其他困难行业。

1999 年

过去一年：

主要采取增加投资、扩大内需来应对亚洲金融危机的影响。同时国有企业改革进一步深化，在纺织、煤炭、石油和石化、冶金等行业以及国防工业的调整和改组中取得新进展。

今年工作：

仍然大力推进国有企业改革。要继续压缩纺织、煤炭、冶金、石化、建材、机电、轻工等行业过剩的生产能力，坚决淘汰那些技术落后、浪费资源、产品质量低劣和污染严重的小企业。

2000 年

过去一年：

工业生产在结构调整中持续增长，淘汰了一批落后生产能力，减少了市场滞销产品的生产，产品销售率稳定上升。

今年工作部署：

加大工业结构调整力度。要围绕优化结构、提高质量和效益、增强国际竞争力，着重抓好四个环节。一是遵循市场经济规律，综合运用多种手段，限制没有市场销路的产品生产。进一步关闭技术落后、质量低劣、浪费资源、污染严重的小厂小矿；淘汰落后的设备、技术和工艺，压缩一些行业的过剩生产能力。

2001 年（回顾"九五" 规划"十五"）

回顾"九五"：

……淘汰落后和压缩过剩工业生产能力取得成效，重点企业技术改造不断推进。……

规划"十五"：

产业结构调整和升级，是经济结构战略性调整的重点，要突出以下几个方面。

用高新技术和先进适用技术改造提升传统产业。要把传统产业的改组改造放在重要位置，以市场为导向，以企业为主体，以技术进步为支撑，抓好几个环节。一是改善和提高劳动生产率，支持能源、冶金、化工、轻纺、机械、汽车、建材及建筑等行业内重点企业技术改造。……

……要综合运用经济、法律和必要的行政手段，关闭一些不符合条件的厂矿，淘汰落后和压缩过剩生产能力。破产关闭长期亏损、资不抵债、扭亏无望的企业和资源枯竭的矿山。

2002 年

过去一年：

……传统工业改造和淘汰落后生产能力有较大进展。……

今年工作部署：

……巩固和扩大纺织、冶金、煤炭等行业淘汰落后生产能力取得的成果，继续推进石化、建材、机械、医药、制糖、烟草等行业压缩过剩、落后生产能力的工作。已淘汰的生产能力，绝不能以任何借口和形式恢复生产。……

2003 年

五年工作回顾（1998—2002 年）：

……三是积极改造和提升传统工业。关闭了以纺织行业为突破口，逐步扩大到煤炭、冶金、建材、石化、制糖等行业中产品质量低劣、浪费资源、污染严重和不具备安全生产条件的企业，淘汰和压缩了部分落后过剩生产能力。……

今年工作部署：

……搞好钢铁、汽车、建材等行业发展的规划和调整，防止盲目发展和无序竞争。进一步淘汰落后生产能力。……

2004 年

无

2005 年

过去一年：

提高钢铁、水泥、电解铝、房地产等行业建设项目资本金比例。依法清理在建和拟建项目。

注重结构调整,加大对农业、水利、能源、交通、环保和社会事业的投资力度。……全年新增煤炭生产能力1.2亿吨,新增发电装机容量5055万千瓦,铁路新线投产1433公里,新增公路通车里程4.6万公里。

今年工作部署:

推进产业结构优化升级。……在专项规划指导下,加强能源、重要原材料等基础产业和水利、交通、通信等基础设施建设。……

2006年("十一五"规划纲要出台)

过去一年:

在产业结构调整方面,既引导和支持重点行业健康发展也淘汰了一批高耗能、高污染和不符合安全生产条件的落后生产能力,但产能过剩问题日趋突出。

今年工作部署:

一方面推进产业结构调整和优化升级,另一方面推进部分产能过剩行业调整。

明显产能过剩的行业有:钢铁、电解铝、电石、铁合金、焦炭、汽车等;存在潜在产能过剩的行业有水泥、煤炭、电力、纺织等。①

2007年

过去一年:

加快经济结构调整。制定了加快振兴装备制造业的政策措施,推进关键领域重大技术装备自主制造。……制定并实施钢铁、煤炭、水

---

① 《国务院关于加快推进产能过剩行业结构调整的通知》,2018年3月16日,http://www.gov.cn/zhengce/content/2008-03-28/content_1996.htm。

泥等 11 个行业结构调整的政策措施，部分产能过剩行业投资增幅明显回落，新开工项目计划总投资大幅下降，煤炭、电解铝分别淘汰落后生产能力 1.1 亿吨和 120 万吨。……

今年工作部署：

……坚决淘汰落后生产能力。"十一五"期间，关停 5000 万千瓦小火电机组，淘汰落后炼铁产能 1 亿吨、落后炼钢产能 5500 万吨。今年要关停 1000 万千瓦小火电机组、淘汰 3000 万吨和 3500 万吨落后炼钢炼铁产能。加大淘汰水泥、电解铝、铁合金、焦炭、电石等行业落后产能的力度。钢铁、有色金属、煤炭、化工、建材、建筑等重点行业仍是重点，以及年耗能万吨标准煤以上重点企业的节能减排工作。

2008 年

五年工作回顾（2003—2007 年）：

……依法淘汰一大批落后生产能力，关停小火电 2157 万千瓦、小煤矿 1.12 万处，淘汰落后炼铁产能 4659 万吨、炼钢产能 3747 万吨、水泥产能 8700 万吨。……

今年工作部署：

……主要淘汰落后生产能力的行业：电力、钢铁、水泥、煤炭、造纸等行业。

2009 年

过去一年：

淘汰落后产能：关停小火电 1669 万千瓦，关闭小煤矿 1054 处。

今年工作部署：

……调结构、上水平。淘汰落后产能，整合生产要素，拓展发展空间……

……重点抓好产业结构调整。振兴汽车、钢铁、造船、石化、轻工、纺织、有色金属、装备制造、电子信息、现代物流等重点产业。……

2010 年

过去一年：

产业结构调整力度加大。制定并实施十大重点产业调整振兴规划。……抑制部分行业产能过剩和重复建设，关停小火电机组2617万千瓦，淘汰落后的炼钢产能1691万吨、炼铁产能2113万吨、水泥产能7416万吨、焦炭产能1809万吨。……

以电力、煤炭、钢铁、水泥、有色金属、焦炭、造纸、制革、印染等行业为去产能重点。[①]

2011 年（"十二五"规划纲要出台）

"十一五"时期回顾：

……关停小火电机组7210万千瓦，淘汰了一批落后的煤炭、钢铁、水泥、焦炭产能。……

今年工作部署：

调整优化产业结构。完善落后产能退出机制和配套政策。……

2012 年

过去一年：

……加大对高耗能、高排放和产能过剩行业的调控力度，淘汰落后的水泥产能1.5亿吨、炼铁产能3122万吨、焦炭产能1925万吨。……

今年工作部署：

---

① 《国务院关于进一步加强淘汰落后产能工作的通知》（国发〔2010〕7号），2018年3月16日，http://www.gov.cn/zwgk/2010-04/06/content_1573880.htm。

推进产业结构优化升级。以汽车、钢铁、造船、水泥等行业为重点，控制增量，优化存量，推动企业兼并重组，提高产业集中度和规模效益。……

……淘汰落后产能：工业、交通、建筑、公共机构、居民生活等重点领域和千家重点耗能企业节能减排。……

2013 年

五年工作回顾（2008—2012 年）：

五年累计，共淘汰落后炼铁产能 1.17 亿吨、炼钢产能 7800 万吨、水泥产能 7.75 亿吨；……

今年工作部署：

加快产业结构调整……解决产能过剩、核心技术缺乏、产品附加值低的问题，解决低水平重复建设和地区产业结构趋同的问题。……鼓励企业跨行业跨区域跨所有制兼并重组，利用市场倒逼机制促进优胜劣汰。各省、自治区、直辖市人民政府，国务院各部委、各直属机构：

化解产能严重过剩矛盾是当前和今后一个时期推进产业结构调整的工作重点。为积极有效地化解钢铁、水泥、电解铝、平板玻璃、船舶等行业产能严重过剩矛盾，同时指导其他产能过剩行业化解工作，特制定本意见。[①]

2014 年

过去一年：

积极化解部分行业产能严重过剩矛盾。推进节能减排和污染防治，能源消耗强度下降 3.7%，二氧化硫、化学需氧量排放量分别下降

---

① 《国务院关于化解产能严重过剩矛盾的指导意见》（国发〔2013〕41 号），2018 年 3 月 16 日，http://www.gov.cn/zwgk/2013-10/15/content_2507143.htm。

3.5%、2.9%。

今年工作部署：

今年要淘汰钢铁 2700 万吨、水泥 4200 万吨、平板玻璃 3500 万标准箱等落后产能，提前一年完成"十二五"淘汰任务。

为分解落实《政府工作报告》确定的 2014 年淘汰落后产能任务，按照《国务院关于进一步加强淘汰落后产能工作的通知》和《国务院关于化解产能严重过剩矛盾的指导意见》部署，经淘汰落后产能工作部际协调小组第五次会议审议确定，近期工业和信息化部向各地下达了 2014 年淘汰落后和过剩产能任务。

具体为：炼铁 1900 万吨、炼钢 2870 万吨、焦炭 1200 万吨、铁合金 234.3 万吨、电石 170 万吨、电解铝 42 万吨、铜（含再生铜）冶炼 51.2 万吨、铅（含再生铅）冶炼 11.5 万吨、水泥（熟料及磨机）5050 万吨、平板玻璃 3500 万重量箱、造纸 265 万吨、制革 360 万标张、印染 10.84 亿米、化纤 3 万吨、铅蓄电池（极板及组装）2360 万千伏安时、稀土（氧化物）10.24 万吨。

与《政府工作报告》确定的目标相比，钢铁行业淘汰任务超 170 万吨，水泥行业超 850 万吨。其他行业任务量与去年相比也有较大幅度增加。[①]

2015 年

过去一年：

继续化解过剩产能，钢铁、水泥等 15 个重点行业淘汰落后产能年度任务如期完成。……

今年工作部署：

推动产业结构迈向中高端。……化解过剩产能，支持企业兼并重

---

① 《工业和信息化部下达 2014 年淘汰落后产能任务》，2018 年 3 月 16 日，http://www.gov.cn/xinwen/2014-05/08/content_2674975.htm。

组,在市场竞争中优胜劣汰。……做好结构调整、过剩产能化解中失业人员的再就业工作。……

2016 年("十三五"规划纲要出台)

过去一年:

……积极化解过剩产能,推进企业兼并重组。近三年淘汰落后炼钢炼铁产能 9000 多万吨、水泥 2.3 亿吨、平板玻璃 7600 多万重量箱、电解铝 100 多万吨。促进生产性、生活性服务业加快发展。狠抓节能减排和环境保护,各项约束性指标超额完成。……

十三五主要目标:

……大力推进结构性改革。……减少无效和低端供给,扩大有效和中高端供给,增加公共产品和公共服务供给,使供给和需求协同促进经济发展,提高全要素生产率,不断解放和发展社会生产力。……

今年工作部署:

……着力加强供给侧结构性改革,加快培育新的发展动能,改造提升传统比较优势,抓好去产能、去库存、去杠杆、降成本、补短板……

着力化解过剩产能和降本增效。重点抓好钢铁、煤炭等困难行业去产能……严格控制新增产能,坚决淘汰落后产能,有序退出过剩产能。积极稳妥处置"僵尸企业"。

2017 年

过去一年:

着力抓好"三去一降一补",供给结构有所改善。全年退出钢铁产能超过 6500 万吨、煤炭产能超过 2.9 亿吨,超额完成年度目标任务,分流职工得到较好安置。……

今年工作部署:

扎实有效去产能。压减钢铁产能5000万吨左右，退出煤炭产能1.5亿吨以上。同时，要淘汰、停建、缓建煤电产能5000万千瓦以上。

2018年

五年工作回顾（2013—2017年）：

坚持以供给侧结构性改革为主线，着力培育壮大新动能，经济结构加快优化升级。紧紧依靠改革破解经济发展和结构失衡难题，大力发展新兴产业，改造提升传统产业，提高供给体系质量和效率。

扎实推进"三去一降一补"。五年来，在淘汰水泥、平板玻璃等落后产能基础上，以钢铁、煤炭等行业为重点加大去产能力度，中央财政安排1000亿元专项奖补资金予以支持，用于分流职工安置。退出钢铁产能1.7亿吨以上、煤炭产能8亿吨，安置分流职工110多万人。

今年工作部署：

深入推进供给侧结构性改革。坚持把发展经济着力点放在实体经济上，继续抓好"三去一降一补"，大力简政减税减费，不断优化营商环境，进一步激发市场主体活力，提升经济发展质量。

继续破除无效供给。坚持用市场化法治化手段，严格执行环保、质量、安全等法规标准，化解过剩产能、淘汰落后产能。今年再压减钢铁产能3000万吨左右，退出煤炭产能1.5亿吨左右，淘汰关停不达标的30万千瓦以下煤电机组。加大"僵尸企业"破产清算和重整力度，做好职工安置和债务处置。减少无效供给要抓出新成效。

2019年

过去一年：

深化供给侧结构性改革，实体经济活力不断释放。加大"破、立、降"力度。推进钢铁、煤炭行业市场化去产能。……

今年工作部署：

要继续坚持以供给侧结构性改革为主线，在"巩固、增强、提升、畅通"八个字上下功夫。更多采取改革的办法，更多运用市场化、法治化手段，巩固"三去一降一补"成果，增强微观主体活力，提升产业链水平，畅通国民经济循环，推动经济高质量发展。

附录B 研究数据CHIP2013样本有效性处理过程

本研究使用CHIP2013中的城镇与流动人口两大类样本，共22097个样本。关于样本有效性的具体处理逻辑步骤如下。

1. 删除无效样本

先初步对样本进行查验，删除关键信息缺失、问题汇报有明显矛盾的样本。具体操作如下：

删除以下样本：第一份工作汇报无效（即汇报值小于0）的9个；第一份工作结束时间汇报无效/不合理样本1278个；第二份工作汇报无效（汇报值小于0）的9个；2013年末就业情况汇报无效16个；离退休时间汇报无效4个；离退休状态无效2个；删去2013年未满16岁样本3013个；删去第一份工作结束时未满16岁样本1424个；删去第一份工作时间为无效汇报值的10个样本。再去除以上样本后，样本中未汇报第一份工作所属行业的多达5118个。由于工作所属行业信息对本部分的就业结构转换研究比较重要，本部分并未选择直接删除，而是将进一步根据更多的信息确认该部分样本的情况。

经过初步审核判断，需进一步综合其他信息进行判断的样本共16332个。将这些样本分为两大类，第一类是未汇报第一份工作所属行业的样本5118个，第二类是汇报第一份工作所属行业的样本11214个。在此基础上，按照问卷处理逻辑图进一步确认有效样本。

2. 未汇报第一份工作所属行业的样本（5118个）

进一步根据是否汇报第一份工作结束时间将样本划分为未汇报第

一份工作结束时间和汇报第一份工作结束时间两类进行判断。

（1）未汇报第一份工作结束时间的样本（5078个）

未汇报第一份工作结束时间的样本有5078个，进一步根据问卷中其他关键信息进行如下判断和分类：

第一类：汇报有第二份工作（4个）

该类的样本汇报了有第二份工作，应该算作发生工作转换类样本。但无法判断其第一类工作在何时结束，且无法判断第一类工作所属行业，因此无法判断其具体就业结构转换情况，对后文的分析无用。样本数也比较少，故选择将该类样本删除。

第二类：未汇报第二份工作（5074个）

进一步根据2013年就业状态的汇报情况确定。2013年显示仍然在就业的有3023个，具体情况为：删除行业汇报值无效的4个样本；未汇报目前工作行业的样本有92个，该类样本存在第一份工作至今的可能性，归类于工作未发生转换样本，但因无法判断其所属行业，对后文分析无用，将其删除；汇报目前工作所属行业的样本有2927个，进一步根据是否有离退休状态的汇报情况进行确认，其中有32个样本汇报了离退休状态，但现在仍然处于就业状态，缺乏其第一份工作所属行业，无法准确判断该类样本是在原行业一直工作还是离退休后转换到现在行业工作，将其算为汇报无效，直接删除；还有2895个样本未汇报自己离退休状态，此类样本更多的可能性是一直在目前的行业工作，未发生过工作转换，将其归类于工作未发生转换的样本。

2013年显示未在就业状态和未汇报的样本有2051个。该类样本有6个汇报了第一份工作开始时间且到2013年均未到正常退休年龄，将其归为失业样本；2045个样本无第一份工作开始和结束时间且无第二份工作，故无法将年龄和离退休时间进行比较，此类样本归为失业样本。综上，这类样本都属于失业群体，且无法判断第一份行业，对后文研究无效，故删除。

（2）汇报了第一份工作结束时间的样本（40个）

汇报了第一份工作结束时间的样本有40个，首先根据其是否汇报离退休状态进行分类判断：

第一类：未汇报离退休时间（23个）

该类样本包括8个汇报了第二份工作的样本和15个未汇报第二份工作的样本：对于汇报第二份工作的样本，因为其第一份工作已结束转入第二份工作，该8个样本属于工作转换类样本，但缺乏第一份工作所属行业，无法进一步判断；而未汇报第二份工作的15个样本，根据其第一份工作结束时间与年龄进行确认，14个样本未到正常退休年龄，该类归属于第一份工作结束转入失业状态样本，1个样本第一份工作结束时间在正常退休年龄后，属于离退休前工作未发生转换样本，但由于该15个样本第一份工作无具体行业，无法判断其是从哪类行业进行转换，对后文分析无效。综上，将该类23个样本做删除处理。

第二类：汇报了离退休时间（17个）

第一份工作结束时间小于汇报的离退休时间，该类样本有10个，进一步发现其汇报有第二份工作，此类样本属于工作转换类样本，但无第一份工作所属行业信息，无法为后文工作转换分析提供帮助，故将其删除。

第一份工作结束时间等于汇报的离退休时间，该类样本有4个，且均未汇报第二份工作。4个样本中有1个样本为正常离退休，3个样本为非正常离退休。但无法判断是由哪类行业转为离退休状态，删除。

第一份工作结束时间大于汇报的离退休时间，该类样本有3个。其中1个汇报有第二份工作，属于工作转换样本，但无法判断第一份和第二份工作在离退休前后是否一致，删除；2个未汇报第二份工作，该类属于第一份工作结束后仍从事一阶段本工作，类似于内部返聘，属于工作未发生转换样本，但无法判断属于哪类行业的返聘，对后文分析无用，删除。

综上所述，在未汇报第一份工作所属行业的5118个样本中，经进一步确认可以细分为以下几类：

第一份工作结束转正常离退休的样本有1个，缺乏行业等信息，删除；

第一份工作结束转失业状态的有2068个，缺乏行业等信息，删除；

第一份工作结束后从事第二份工作的工作转换类样本有23个，缺乏更多信息，删除；

一直从事第一份工作，即工作未发生转换样本共有2990个：2895个可以进一步判断，保留；95个样本缺乏信息较多，删除。

经过判断可直接删除的无效样本为36个。

3. 汇报第一份工作所属行业的样本（11214个）

进一步根据样本是否汇报第一份工作结束时间，从未汇报第一份工作结束时间和汇报第一份工作结束时间两个方面对样本进行判断。

（1）未汇报第一份工作结束时间的样本（2453个）

未汇报第一份工作结束时间的样本有2453个，其中又可以根据问卷中相关信息进行如下判断和分类：

第一类：未汇报第二份工作（2402个）

第一份工作尚未结束，即未汇报第一份工作结束时间且未汇报第二份工作的样本，该类样本共有2402个。进一步根据2013年汇报的就业状态进行确认，过程如下：

若2013年就业状态显示仍然在就业，此类样本有1696个。其中汇报了离退休时间且离退休时间在2013年之前，将此部分样本界定为离退休后返聘，该类样本有13人（其中一个样本为2014年正常退休女性）；如果样本未汇报离退休时间，但2013年前已达到实际应退休年龄，此部分人样本相当于退休后仍一直从事第一份工作，也将其界定为退休后返聘，该类样本有 55 个；剩余 1628 个样本均相当于一直从事第一份工作未发生转换。综上，将此类 1696 个样本均归类于工作未发生转换样本。

若 2013 年就业状态未汇报，此类样本有 43 个。由于此部分样本需汇报的信息缺失较多，即使汇报了离退休时间也可能存在直接早退或退休等情况，无法进一步判断准确状态。另外无最新的 2013 年就业状态信息汇报，所以也可能存在退休后接受返聘的情况，鉴于无法准确界定状态，故此部分样本不予考虑，后期做删除处理。

若 2013 年就业状态显示为非就业状态，此类样本有 663 个：如果此类样本有离退休时间和离退休状态信息，并且二者与正常离退休规定年龄相符，则将该类样本界定为正常离退休，该类样本最终有 79 个；若有离退休时间和离退休状态信息，但与正常离退休规定年龄不相符，则将该类样本界定为非正常离退休等非就业状态，经过界定该类样本有 46 个；若未汇报离退休时间和离退休状态（以 2013 年最新汇报状态为准），则视其为第一份工作结束转失业状态，该类样本有 538 个。

第二类：汇报了第二份工作（51 个）

未汇报第一份工作结束时间但汇报了第二份工作。该类样本属于第一份工作结束时间遗漏，但因为有第二份工作信息，所以将其界定为工作转换类样本。该类样本有 51 个。

综上所述，在汇报了第一份工作所属行业但未汇报第一份工作结束时间的 2453 个样本中，经进一步确认可以细分为以下几类：

第一份工作结束转正常离退休的样本有 79 个；

第一份工作结束转失业状态的有 584 个；

第一份工作结束后从事第二份工作的工作转换类样本有 51 个；

未发生工作转换类的样本有 1696 个；

经过判断可直接删除的样本为 43 个。

（2）汇报了第一份工作结束时间的样本（8761个）

该类样本共8761人，进一步根据离退休时间、年龄等问卷信息进行样本有效性确认。

第一类：汇报了离退休时间（2870个）

样本含有离退休时间的信息，该类样本有2870个，对这类样本进一步确认，过程如下：

若第一份工作结束时未退休，即第一份工作结束时间早于汇报的离退休时间并且未到退休年龄，该类样本有1182个。具体为：有第二份工作的样本，将其划为工作转换类样本，共784个；若未汇报第二份工作且2013年最新就业状态为失业状态，则将其划归第一份工作结束转失业状态样本，共366个；若未汇报第二份工作，但2013年最新就业状态显示为就业，因为无法判断该类样本在结束第一份工作后到离退休期间以及离退休后从事工作的具体情况，所以该类样本不予考虑，共32个。

若第一份工作结束时正好退休，即第一份工作结束时间与汇报的离退休时间相同并且达到应退休年龄，该类样本有1160个。其中有第二份工作的样本，将其划归为工作转换类，共118个；若未汇报第二份工作，但离退休时间符合实际应退休年龄，且离退休状态信息显示为正常离退休，则将该类样本划归为正常离退休样本，共577个；若未汇报第二份工作，且离退休时间与实际应退休年龄或离退休状态汇报的信息不符，则将该类样本划为非正常离退休等失业状态样本，共465个。

若第一份工作结束时在离退休之后，即第一份工作结束时间晚于汇报的离退休时间且超过实际应退休年龄，该类样本共有528个，具体为：仍有汇报第二份工作的，有111个，属于工作转换类样本；未汇报第二份工作的，但其他信息完整，类似于离退休后继续在第一份工作岗位，属于第一份工作返聘，共417个，归类于工作未发生转换样本。

第二类：未汇报离退休时间（5891个）

样本未汇报离退休时间，该类样本共5891个，对其进行细分确认：

若有第二份工作，将其划归为工作转换类样本，该类样本共3405个。

样本未汇报第二份工作，该类样本有2486个。若第一份工作结束时间晚于应退休年龄，即相当于离退休后仍然从事第一份工作，类似于内部返聘，共253个，划归于工作未发生转换类样本。

若第一份工作结束时间等于应退休年龄，由于缺少离退休状态的汇报，难以准确判断其是否恰好正常离退休，且该类样本仅为17个，为保证有效性，该类样本不予考虑。此外，2013年状态显示仍在就业但无离退休状态汇报的样本，存在退休后一直在该行业工作、转换到其他行业工作或正常离退休的可能性，进一步将第一份工作行业与2013年就业行业对比，该类样本共11个：其中6个行业一致，将其归类为工作未发生转换样本；其中5个行业不一致，将其归类为工作转换类样本。

若第一份工作结束时间早于应退休年龄，该类样本共2205个，进一步确认：2013年就业状态显示为非就业状态或未汇报，可视为第一份工作结束后转失业状态共476个。若2013年就业状态显示为在就业，该部分样本共1729个，该类样本因为未汇报离退休时间，存在一直在该行业工作或转换行业工作两种可能，进一步将第一份工作所属行业与2013年就业行业进行对比：其中512个样本工作所属行业一致，将其归类为工作未发生转换样本；其中1217个样本工作行业不一致，将其归类于工作转换类样本。

综上所述，在汇报了第一份工作所属行业且汇报了第一份工作结束时间的8761个样本中，经结合其他信息确认，细分如下：

第一份工作结束转正常离退休的有 577 个;

第一份工作转失业状态的有 1307 个;

第一份工作结束后工作转换类样本有 4418 个,后补充 1222 个,共 5640 个;

未发生工作转换的样本有 1188 个;

不予考虑的样本共 49 个。

4. 处理结果汇总

样本有效性筛选结果如下,即第一份工作结束后转为正常离退休状态的有 657 个样本,转为失业状态的样本有 3959 个,属于工作转换的有 5714 个,工作未发生转换的样本有 5874 个,经确认可直接删除的无效样本有 5893 个,合计 22097 个。

附录 C　政策单年就业效果具体评估结果

变量	(1) Y_1	(2) Y_1	(3) Y_2	(4) Y_2
N2_Y1997	0.0509 (0.0610)	0.125* (0.0638)	−0.0181 (0.0977)	−0.00813 (0.110)
N3_Y1997	0.0648 (0.0595)	0.135** (0.0624)	−0.00275 (0.0964)	−0.0288 (0.108)
N2_Y1998	−0.0229 (0.0585)	−0.0240 (0.0644)	−0.131 (0.0825)	−0.0951 (0.0992)
N3_Y1998	−0.0173 (0.0535)	−0.00930 (0.0607)	−0.0939 (0.0797)	−0.156 (0.0956)
N2_Y1999	0.136 (0.101)	0.164* (0.0997)	0.0619 (0.0990)	−0.00250 (0.105)
N3_Y1999	0.144 (0.0988)	0.206** (0.0973)	0.0793 (0.0980)	0.0256 (0.0980)
N2_Y2000	0.0267 (0.0594)	0.0407 (0.0605)	−0.000731 (0.0863)	−0.00256 (0.0939)
N3_Y2000	0.0134 (0.0578)	0.0649 (0.0651)	−0.0619 (0.0825)	−0.0327 (0.0872)

续表

变量	(1) Y_1	(2) Y_1	(3) Y_2	(4) Y_2
N2_Y2001	0.116 (0.0728)	0.162** (0.0807)	0.0735 (0.0716)	0.103 (0.0770)
N3_Y2001	0.138** (0.0683)	0.195** (0.0764)	0.0505 (0.0657)	0.0625 (0.0742)
N2_Y2002	0.0526 (0.0735)	0.0538 (0.0754)	−0.182** (0.0915)	−0.134 (0.104)
N3_Y2002	0.000412 (0.0742)	0.00348 (0.0732)	−0.0490 (0.0923)	−0.0552 (0.102)
N2_Y2003	0.0913 (0.0739)	0.148* (0.0772)	−0.257*** (0.0965)	−0.220** (0.109)
N3_Y2003	0.0624 (0.0720)	0.0889 (0.0727)	−0.231** (0.0944)	−0.219** (0.105)
N2_Y2004	0.0543 (0.119)	0.0720 (0.122)	−0.0974 (0.139)	−0.0537 (0.158)
N3_Y2004	0.0548 (0.116)	0.0827 (0.122)	−0.121 (0.137)	−0.104 (0.154)
N2_Y2005	0.118 (0.110)	0.101 (0.124)	−0.254** (0.124)	−0.190 (0.133)
N3_Y2005	0.0576 (0.107)	0.0603 (0.116)	−0.175 (0.122)	−0.144 (0.131)
N2_Y2006	0.153 (0.116)	0.244** (0.122)	−0.0989 (0.118)	−0.0563 (0.136)
N3_Y2006	0.0516 (0.116)	0.115 (0.121)	−0.0340 (0.117)	−0.0165 (0.132)
N2_Y2007	0.134 (0.0970)	0.162 (0.109)	−0.139 (0.118)	0.00489 (0.128)
N3_Y2007	0.0342 (0.0972)	0.0768 (0.108)	−0.181 (0.115)	−0.0110 (0.124)
N2_Y2008	−0.0221 (0.0919)	−0.0199 (0.102)	−0.0873 (0.106)	−0.0997 (0.114)
N3_Y2008	−0.0141 (0.0891)	0.000684 (0.0985)	−0.0284 (0.104)	−0.0614 (0.110)
N2_Y2009	0.0930 (0.0846)	0.0550 (0.0868)	−0.0443 (0.0824)	−0.0197 (0.0881)

续表

变量	(1) Y_1	(2) Y_1	(3) Y_2	(4) Y_2
N3_Y2009	0.109 (0.0796)	0.0856 (0.0811)	−0.0309 (0.0779)	−0.0278 (0.0832)
N2_Y2010	0.0472 (0.0762)	0.0818 (0.0792)	−0.130 (0.0910)	−0.0749 (0.0911)
N3_Y2010	0.0386 (0.0700)	0.0921 (0.0709)	−0.131 (0.0864)	−0.108 (0.0867)
N2_Y2011	0.0807 (0.0786)	0.152* (0.0907)	−0.0508 (0.0865)	−0.0793 (0.100)
N3_Y2011	0.105 (0.0730)	0.204** (0.0867)	−0.0253 (0.0821)	−0.0885 (0.0915)
N2_Y2012	−0.00479 (0.0769)	0.0631 (0.0875)	−0.119 (0.103)	−0.109 (0.106)
N3_Y2012	−0.0211 (0.0691)	0.0312 (0.0781)	−0.114 (0.0965)	−0.119 (0.0989)
N2_Y2013	−0.0434 (0.0909)	0.0553 (0.0946)	−0.0281 (0.0907)	0.0304 (0.104)
N3_Y2013	−0.0721 (0.0849)	0.0322 (0.0853)	0.0581 (0.0857)	0.105 (0.0967)
N2_Y2014	−0.179 (0.132)	−0.203 (0.142)	−0.284** (0.133)	−0.291** (0.129)
N3_Y2014	−0.127 (0.0996)	−0.0909 (0.105)	−0.183 (0.117)	−0.164 (0.113)
N2_Y2015	0.0270 (0.0206)	0.0519** (0.0255)	0.0369 (0.0305)	0.0347 (0.0368)
N3_Y2015	0.0393** (0.0193)	0.0706*** (0.0241)	0.0543* (0.0290)	0.0400 (0.0341)
人口特征等	控制	控制	控制	控制
省份虚拟变量	控制	控制	控制	控制
工作转换年份	控制	控制	控制	控制
省份*年份		控制		控制
观测值	12758	12758	12758	12758
R方	0.734	0.754	0.149	0.257

主要参考文献

中文参考文献：

蔡昉主编.劳动经济学[M].北京：中国社会科学出版社.2015.

蔡之兵.地方政府去产能效果与特征：2006—2014年[J].改革,2016(10).

陈斌开,于也雯.以"去产能"为契机推动国有企业改革：战略与路径[J].新疆师范大学学报(哲学社会科学版),2017,38(1).

陈东琪主编.通向新增长之路 供给侧结构性改革论纲[M].北京：人民出版社.2017.

丁守海,沈煜,胡云.供给侧改革与就业转换的三阶段论[J].教学与研究,2016(3).

方福前,孙永君.奥肯定律的五种版本及其不一致性[J].江汉论坛,2010(10).

付保宗.关于产能过剩问题研究综述[J].经济学动态,2011(5).

龚刚.论新常态下的供给侧改革[J].南开学报(哲学社会科学版),2016(2).

胡筱沽,戴璐.正确把握去产能过程中的几个关键问题[J].宏观经济管理,2017(2).

胡学勤.劳动经济学（第三版）[M].北京：高等教育出版社.2011.

黄湘闽.去产能职工安置中的社会保障问题研究[J].煤炭经济研究,2017,37(5).

贾康,苏京春.论供给侧改革[J].管理世界,2016(3).

[美]加里·贝克尔著;郭虹等译.人力资本理论[M].北京:中信出版社.2007.

江飞涛,耿强,吕大国,李晓萍.地区竞争、体制扭曲与产能过剩的形成机理[J].中国工业经济,2012(6).

[美]加里·斯坦利·贝克尔(Gary Stanley Becker)著;王献生,王宇译.家庭论[M].北京:商务印书馆.2005.

[美]加里·S.贝克尔著;王业宇,陈琪译.当代经济学译库 人类行为的经济分析[M].上海:格致出版社.2008.

[美]舒尔茨著;吴珠华等译.论人力资本投资[M].北京:北京经济学院出版社.1990.

[美]伊兰伯格,史密斯著.现代劳动经济学 理论与公共政策 原书第10版[M].北京:中国人民大学出版社.2011.

李江涛."产能过剩"及其治理机制[J].国家行政学院学报,2006(5).

李瑞敏.关于中国产能过剩问题的研究综述[J].金融经济,2017(2).

连莲,李孟刚,叶旭廷.新常态下钢铁产业"去产能"研究[J].经济纵横,2016(7).

林毅夫.潮涌现象与发展中国家宏观经济理论的重新构建[J].经济研究,2007(1).

林毅夫,巫和懋,邢亦青."潮涌现象"与产能过剩的形成机制[J].经济研究,2010,45(10).

刘福垣.所谓产能过剩是个伪命题[N].中国证券报.2006.02.14.

刘虹,李继鹏,张海博,秦荇珂,王震.我国煤炭去产能与转型升级的协同关系研究[J].煤炭经济研究,2017,37(12).

刘伟.经济新常态与供给侧结构性改革[J].管理世界,2016(7).

卢锋.不恰当干预无助于治理产能过剩[J].财经·金融实务,2010(1).

罗蓉.关于产能过剩的几点思考[J].北方经济,2006(5).

南华工商学院课题组, 石晓天. 去产能背景下工会在企业职工安置中发挥作用的途径研究[J]. 中国劳动关系学院学报, 2016, 30(4).

任继球. 我国钢铁和煤炭去产能对就业的影响——基于投入产出表的实证分析[J]. 宏观经济研究, 2017(10).

任泽平, 张庆昌. 供给侧改革去产能的挑战、应对、风险与机遇[J]. 发展研究, 2016(4).

尚鸣. 过剩产业谋变[J]. 中国投资, 2006(3).

沈煜, 丁守海. 去产能会引起较大的失业风险吗?[J]. 上海经济研究, 2016(11).

孙飞. 去产能中职工分流安置的问题与出路[J]. 行政管理改革, 2017(1).

王岳平. 我国产能过剩行业的特征分析及对策[J]. 宏观经济管理, 2006(6).

杨万东. 我国产能过剩问题讨论综述[J]. 经济理论与经济管理, 2006(10).

杨伟国. 我国的失业群集与政策选择[J]. 中国人民大学学报, 2006(3).

杨伟国. 转型中的中国就业政策[M]. 北京: 中国劳动社会保障出版社. 2007.

杨伟国, 陈玉杰. "十二五"时期中国就业形势、战略定位与政策选择[J]. 教学与研究, 2010(9).

杨伟民. 适应引领经济发展新常态 着力加强供给侧结构性改革[J]. 宏观经济管理, 2016(1).

杨振. 以供给侧结构性改革化解产能过剩[J]. 理论视野, 2016(1).

杨正位. 当前产能过剩程度的判断及应对之策[J]. 中国金融, 2006(16).

姚立根, 张军荣. 供给侧结构改革背景下煤炭企业职工安置对策研究[J]. 煤炭经济研究, 2017, 37(10).

叶旭东. 我国煤炭行业去产能面临的挑战及对策建议[J]. 煤炭经济研

究,2016,36(6).

曾湘泉.劳动经济学（第二版）[M].上海：复旦大学出版社.2003.

曾湘泉,杨涛,刘华.兼并重组、所有制与产能过剩——基于山西省煤炭去产能困境的案例分析[J].山东大学学报(哲学社会科学版),2016(5).

张杰,宋志刚.供给侧结构性改革中"去产能"面临的困局、风险及对策[J].河北学刊,2016,36(4).

张少华,蒋伟杰.中国的产能过剩：程度测算与行业分布[J].经济研究,2017(1).

张维迎.控制权损失的不可补偿性与国有企业兼并中的产权障碍[J].经济研究,1998(7).

张晓晶.产能过剩并非"洪水猛兽"——兼论当前讨论中存在的误区[N].学习时报,2006-4-10.

张占斌,孙飞.中国上一轮去产能的经验与启示[J].人民论坛,2016(10).

张占斌,孙飞."去产能"的相关问题探讨——兼评邯钢的经验及启示[J].理论探索,2017(1).

郑锐锋.供给侧改革背景下煤炭行业去产能路径研究[J].煤炭经济研究,2016,36(4).

周伏秋,王娟.煤炭行业进一步去产能的思考与建议[J].宏观经济管理,2017(11).

周劲.产能过剩的概念,判断指标及其在部分行业测算中的应用[J].宏观经济研究,2007(9).

周黎安.晋升博弈中政府官员的激励与合作——兼论我国地方保护主义和重复建设问题长期存在的原因[J].经济研究,2004(6).

周其仁."产能过剩"的原因.载《世事胜棋局》,北京大学出版社.2007.

左小蕾.产能过剩并非根源[J].中国电子商务,2006(3).

英文参考文献：

Aghion, P., & Blanchard, O. J. (1994). On the Speed of Transition in Central Europe. *NBER Macroeconomics Annual*, 9.

Bekman, E., Bound, J., & Machin, S. (1998). Implications of Skill-biased Technological Change: International Evidence. *The Quarterly Journal of Economics*, 113(4).

Blanchard, O. J. (1997). *The Economics of Post-communist Transition*. Oxford: Clarendon Press.

Bonoli, G. (2007). Time Matters: Postindustrialization, New Social Risks, and Welfare State Adaptation in Advanced Industrial Democracies, *Comparative Political Studies*, 40.

Burda, M. (1993). Unemployment, Labour Markets and Structural Change in Eastern Europe. *Economic Policy*, 8(16).

Dövényi, Z. (1994). Transition and Unemployment—The Case of Hungary. *Geo Journal*, 32(4).

Greenaway, D., Upward, R., & Wright, P. (2000). Sectoral Transformation and Labour-market Flows. *Oxford Review of Economic Policy*, 16(3).

Iversen, T. and Cusack, T. R. (2000). The Causes of Welfare State Expansion: Deindustrialisation or Globalization?, *World Politics*, 52.

Iversen, T. and Wren, A. (1998). Equality, Employment, and Budgetary Restraint: The Trilemma of the Service Economy, *World Politics*, 50.

Kasarda, J. D. (1989). Urban Industrial Transition and the Underclass. *The Annals of the American Academy of Political and Social Science*, 501(1).

Kletzer, L. (2001). *Job Loss from Imports: Measuring the Costs*, Washington, DC, Institute for International Economics.

Knuth, M. and Kalina, T. (2002). Early Exit from the Labour Force between Exclusion and Privilege: Unemployment as a Transition from Employment to Retirement in West Germany, *European Societies*, 4.

Korpi, T. and Mertens, A. (2004). Training and Industrial Restructuring: Structural Change and Labour Mobility in West Germany and Sweden, *International Journal of Manpower*, 25.

Kriechel, B. and Pfann, G. (2005). The Role of Specific and General Human Capital after Displacement, *Education Economics*, 13.

Kuhn, P. (2002). Summary and Synthesis. In Kuhn, P. (ed.) Losing Work, Moving on. *International Perspectives on Worker Displacement, Kalamazoo, MI, W. E.* Upjohn Institute for Economic Research.

Lane, J., Stevens, D. and Burgess, S. (1996). Worker and Job Flows, *Economics Letters*, 51.

Long, J. and Freese, J. (2006). *Regression Models for Categorical Dependent Variables Using Stata*, College Station, TX, Stata Press.

Neal, D. (1995). Industry-Specific Human Capital: Evidence from Displaced Workers, *Journal of Labor Economics*, 13.

Newell, A., & Francesco Pastore. (2006). Regional Unemployment and Industrial Restructuring in Poland. *Eastern European Economics*, 44(3).

Nickell, S. (2001). Introduction, *Oxford Bulletin of Economics and Statistics*, 63(Special Issue).

OECD. (2009). How Do Industry, Firm and Worker Characteristics Shape Job and Worker Flows? *In OECD Employment Outlook, Paris, OECD.*

OECD. (2011). *Pensions at a Glance. Retirement-Income Systems in OECD and G20 Countries*. Paris, OECD.

OECD. (2013). Protecting Jobs, Enhancing Flexibility: A New Look at Employment Protection Legislation. *In OECD Employment Outlook*, Paris,

OECD.

Oesch, D. (2013). *Occupational Change in Europe. How Technology and Trade Transform the Job Structure*, Oxford, Oxford University Press.

Oesch, D. and Rodriguez Menes, J. (2011). Upgrading or Polarization? Occupational Change in Britain, Germany, Spain and Switzerland, 1990–2008. *Socio-Economic Review*, 9.

Oesch, D., & Baumann, I. (2014). Smooth Transition or Permanent Exit? Evidence on Job Prospects of Displaced Industrial Workers. *Socio-Economic Review*, 13(1).

Okun, A. M. (1963). Potential GNP: Its Measurement and Significance (98-103). *Yale University, Cowles Foundation for Research in Economics*.

Phillips, A. W. (1958). The Relation between Unemployment and the Rate of Change of Money Wage Rates in the United Kingdom, 1861–1957. *Economica,* 25(100).

Schwerdt, G. (2011). Labor Turnover before Plant Closure: "Leaving the Sinking Ship" vs "Captain Throwing Ballast Overboard", *Labour Economics,* 18.

Simon, C. J. (1988). Frictional unemployment and the Role of Industrial Diversity. *The Quarterly Journal of Economics*, 103(4).

后 记

政之所兴在顺民心；政之所废在逆民心。

——《管子·牧民·四顺》

政令的好坏和能否成功推行在于是否顺应民心。在我国经济转型时期，供给侧结构性改革的提出吸引了广泛的关注，其具体的五大任务与民生息息相关。作为供给侧结构性改革重点任务之一的"去产能"可能引起的失业问题更是受到了各界的广泛关注。"民以食为天"，若造成大量的失业，百姓丢失饭碗，那该政策就是失败的。所以对去产能与失业问题进行研究具有重要的意义。

"去产能与失业"这样的选题与劳动经济学专业紧密相关。作为劳动经济学专业的学生能够有机会尝试研究这样重要的选题感到很幸运，但要把这样的题目做好也是一个巨大的挑战。主要的挑战来源于两个方面：一是供给侧结构性改革刚刚提出不久，相关数据不足，影响效果未能充分体现，在这个节点很难去评估该政策的就业效果；二是去产能政策涉及的面广、内容多，劳动力市场的就业失业问题还往往受到多种因素的影响，如何清楚界定去产能的失业影响，这是很大的挑战。针对以上存在的困难，本人确立了两个应对的出发点：第一，通过研读文献，梳理去产能政策，发现去产能政策在供给侧结构性改革出台前与出台后的共同点；第二，经济学科的其他专业也很关注这类问题，尤其是宏观经济层面的失业情况，但劳动经济学专业更关注微观的劳动者个体就业选择，所以以劳动经济学专业为出发点，立足于本专业从劳动者个体出发，关注劳动者微观个体的就业影响。基于以上两点，本书研究取得了一些有意义的成果：一是发现了供给侧结构性改革实施前后，去产能重点影响的行业有着共性，解决了研究切入点问题，使得过去的去产能政策对就业的影响能够为现今的情况提供借鉴；二是可以利用微观综合性数据进行实证研究，分析劳动者个体的就业情况，从微观角度对宏观失业情况进行预估。当然，由于水平有限和各方面条件限制，本书仍存在一些不足，但目前得到的研究结果相信能为后续的相关研究提供参考。

致 谢

本书是基于我的博士论文修改而成,是我的第一部独立专著。本书的出版离不开整个博士求学期间各位老师和亲友对我的鼓励和帮助,在此表示诚挚感谢。

感谢我的导师杨伟国教授!于我而言,杨导是"慈父严师",感谢您在我攻读博士期间给予我全方位的指导和极大的自由度。博士虽已毕业,但需要向您学习的还有太多太多,希望有朝一日能够达到您的学术高度。

感谢王非老师在我博士论文写作过程中提供的细心指导和帮助,您让我领略到了一名优秀青年教师的风采,真的很怀念那些与您一起探讨问题的日子。感谢曾湘泉老师、赵忠老师和韩军老师在论文开题中提供的建议,你们的支持和认同使我增添了继续做下去的信心。感谢潘锦棠老师、高文书老师、纪韶老师、沈琴琴老师、王美艳老师、赵丽秋老师和葛玉好老师在我论文预答辩、答辩过程中提出的修改建议,论文的完善离不开你们的指导和帮助,感谢你们的宝贵意见和对我的鼓励与支持。感谢校内外五位匿名评审专家对我论文的认可,这让我觉得为完成该论文所投入的巨大精力没有白费。

感谢黄有光教授,有幸聆听您的课使我真切感受到著名经济学家的魅力,也让我更加明白了经济学的伟大意义。感谢赵履宽教授以八十多岁的高龄在我们新入学的第一天给我们授课,让我们有幸见识了老一辈劳动经济学家的风骨。感谢曾湘泉老师,感谢您在"劳动经济学主文献阅读课""劳动科学经济学分析课"上对我们的耐心指导和谆谆教诲，让我们感受到了您作为长者的良苦用心和著名劳动经济学者的风范。同时也要感谢博士求学生涯中唐鑛老师、易定红老师、赵忠老师、孙健敏老师、张丽华老师、徐世勇老师、韩军老师、赵丽秋老师、张灏老师、陈轩老师、黄伟老师、黄森杰老师、翁茜老师、郭瑜老师、宋洪峰老师、徐之明老师、刘明远老师、聂辉华老师、朱犁老师和吴翌琳老师等的传道授业解惑。

在美国留学的经历也是我博士求学生涯中的宝贵财富。感谢导师 Paul Clark 教授对我提供的指导。感谢导师张良教授和 Helen 老师在我留学期间给予生活上和学习上无微不至的关怀和照顾。感谢 Mark Anner 教授、Mark McLeod 教授和 Mandy Mandzik 教授的精彩授课。感谢 Eva, Lexie, Vina, Connie, Flavió, João, Denny, Hyunsu, Anjali, Jugaad, Glauco 等好友在学习和生活上的帮助。感谢 Mark Ogden 叔叔一家对我的照顾。感谢高级科学家 David Post 教授在学术研究方面对我的启迪和鼓励。

感谢我的亲人们，你们的殷切期盼是我不断前行的动力。纸短情长，要感谢的人还有很多很多，抱歉未能在此一一列出你们的名字，但你们的名字都会一一镌刻在我心里。

最后，感谢国家发展和改革委员会宏观经济研究院对本书出版的资助，感谢各位领导和同事的指导和支持，感谢中国社会科学出版社的老师们为本书出版付出的辛勤劳动。

由于时间和水平有限，本书不足之处，敬请专家和同仁批评指正。

唐聪聪